Gamisch

Die neue Entgeltordnung erfolgreich vorbereiten
Vom Arbeitsvorgang zur Stellenbeschreibung

2. Auflage

Gamisch

Die neue Entgeltordnung erfolgreich vorbereiten

Vom Arbeitsvorgang zur Stellenbeschreibung

2. Auflage

Luchterhand Verlag 2017

Bibliografische Information der Deutschen Nationalbibliothek
Die Deutsche Nationalbibliothek verzeichnet diese Publikation in der Deutschen National-
bibliografie; detaillierte bibliografische Daten sind im Internet über http://dnb.d-nb.de
abrufbar.

ISBN 978-3-472-08704-5

www.wolterskluwer.de
www.luchterhand-fachverlag.de

Alle Rechte vorbehalten.
© 2017 Wolters Kluwer Deutschland GmbH, Luxemburger Straße 449, 50939 Köln.

Das Werk einschließlich aller seiner Teile ist urheberrechtlich geschützt. Jede Verwertung
außerhalb der engen Grenzen des Urheberrechtsgesetzes ist ohne Zustimmung des Verlages
unzulässig und strafbar. Das gilt insbesondere für Vervielfältigungen, Übersetzungen, Mikro-
verfilmungen und die Einspeicherung und Verarbeitung in elektronischen Systemen.
Verlag und Autor übernehmen keine Haftung für inhaltliche oder drucktechnische Fehler.

Umschlagkonzeption: Martina Busch, Grafikdesign, Homburg-Kirrberg
Satz: MainTypo, Reutlingen
Druck und Weiterverarbeitung: Williams Lea & Tag GmbH, München

Gedruckt auf säurefreiem, alterungsbeständigem und chlorfreiem Papier.

Inhaltsverzeichnis

Stadtverwaltung Gotha
Postfach 10 02 02
99852 Gotha

Vorwort	1
Abkürzungsverzeichnis	3
Literaturverzeichnis	5
1. Kapitel: Am Anfang…	9
2. Kapitel: …steht die gescheite(-rte) Reform!?	18
3. Kapitel: Die Planungsphase	20
4. Kapitel: Die Eckpunkte der neuen Entgeltordnung	29
5. Kapitel: Das System des neuen Eingruppierungsrechts	35
6. Kapitel: Der Arbeitsvorgang	48
7. Kapitel: Zeitanteile	68
8. Kapitel: Die zentrale Rolle der Stellenbeschreibung	82
9. Kapitel: Verfahren zur Entwicklung und Aktualisierung von Stellenbeschreibungen im Überblick	96
10. Kapitel: Qualifizierung	99
11. Kapitel: Das Stelleninterview	107
12. Kapitel: Coaching der Führungskräfte	119
13. Kapitel: Die Stellenbewertungskommission	120
14. Kapitel: Mitbestimmung der Arbeitnehmervertretung	134
Anhang	143
Stichwortverzeichnis	151

Vorwort

Die neue Entgeltordnung kommt. Ab dem 01.01.2017 wird auch für den TVöD-VKA die 2005 begonnene Tarifreform abgeschlossen sein. Der Änderungstarifvertrag Nr. 12 vom 29. April 2016 zum TVöD zeigt, dass die Neuregelungen weitgehend das alte Recht aufgreifen.

Neuregelungen wurden überall dort geschaffen, wo sich berufliche Anforderungen im Vergleich zu den Eingruppierungsregelungen des BAT bzw. BMT-G wesentlich geändert haben, so z.b. in der IT, bei der Feuerwehr und im Bäderbereich.

Sie sollten die Zeit bis zum in Kraft treten der neuen Entgeltordnung nutzen und jetzt die Grundlagen für die rechtssichere und zügige Umstellung auf das neue Recht legen.

Dieses Buch soll Ihnen aus meiner Schulungs- und Beratungspraxis heraus Anregungen und Hilfestellungen geben, damit Sie erfolgreich starten können.

Den Leserinnen und Lesern dieses Buches möchte ich eine schnelle und zuverlässige Hilfe an die Hand geben. Ausschließlich im Interesse der Lesefreundlichkeit verwende ich deshalb die männliche Sprachform.

Fulda, Oktober 2016

Annett Gamisch

Abkürzungsverzeichnis

a. A.	anderer Ansicht
Abs.	Absatz
Anm.	Anmerkung
AP	Hueck, Nipperdey, Dietz, Arbeitsrechtliche Praxis, Nachschlagewerk des Bundesarbeitsgerichts
ArbG	Arbeitsgericht
Art.	Artikel
AuA	Arbeit und Arbeitsrecht (Zeitschrift)
AuR	Arbeit und Recht (Zeitschrift)
AVR.Bayern	Arbeitsvertragsrichtlinien des Diakonischen Werkes Bayern
AVR.Diakonie	Arbeitsvertragsrichtlinien des Diakonischen Werkes
Az.	Aktenzeichen
BAT/-O	Bundes-Angestelltentarifvertrag/-Ost
BBesG	Bundesbesoldungsgesetz
BBiG	Berufsbildungsgesetz
BetrVG	Betriebsverfassungsgesetz
BGB	Bürgerliches Gesetzbuch
BPersVG	Bundespersonalvertretungsgesetz
BVerwG	Bundesverwaltungsgericht
bzgl.	bezüglich
bzw.	beziehungsweise
ca.	circa
d. h.	das heißt
EG	Entgeltgruppe
EKG	Elektro-Kardiographie
etc.	et cetera
f., ff.	folgende
gem.	gemäß
GewO	Gewerbeordnung
ggf.	gegebenenfalls
i. d. R.	in der Regel
i. S. d.	im Sinne der/des
IT	Informationstechnik

Abkürzungsverzeichnis

i.V. m.	in Verbindung mit
KGSt®	Kommunale Gemeinschaftsstelle für Verwaltungsmanagement
LAG	Landesarbeitsgericht
LAGE	Entscheidungen der Landesarbeitsgerichte
LPVG NW	Landespersonalvertretungsgesetz Nordrhein-Westfalen
m. w. N.	mit weiteren Nachweisen
Nr.	Nummer
Nrn.	Nummern
NZA	Neue Zeitschrift für Arbeitsrecht (Zeitschrift)
NZA-RR	Neue Zeitschrift für Arbeitsrecht – Rechtsprechungsreport (Zeitschrift)
o. g.	oben genannt
PersR	Der Personalrat (Zeitschrift)
PersV	Die Personalvertretung (Zeitschrift)
Rdnr.	Randnummer
rkr.	rechtskräftig
S.	Seite
s.	siehe
SGB IX	Sozialgesetzbuch – Neuntes Buch
s. o.	siehe oben
sog.	sogenannt
s. u.	siehe unten
TV-L	Tarifvertrag für den öffentlichen Dienst der Länder
TV-V	Tarifvertrag Versorgungsbetriebe
TVöD	Tarifvertrag für den öffentlichen Dienst
u. a.	unter anderem
vgl.	vergleiche
z. B.	zum Beispiel
zit.	zitiert
ZPO	Zivilprozessordnung
ZTR	Zeitschrift für Tarifrecht (Zeitschrift)

Literaturverzeichnis

Altvater, L./Baden, E./Berg, P.: Bundespersonalvertretungsgesetz, Frankfurt am Main 2015

Arnold, R.: Das Santiago-Prinzip – Systemische Führung im lernenden Unternehmen, Baltmannsweiler 2009

Arnold, R./Bloh, E.: Personalentwicklung im lernenden Unternehmen, Baltmannsweiler 2011

Arnold, R.: Weiterbildung, München 1996

Arnold, R./Krämer-Stürzl, A./Siebert, H.: Dozentenleitfaden, Berlin 2011

Bauer, J./Bockholt, M.: Die Eingruppierung im öffentlichen Dienst, Köln 2010

Bea, F. X./Scheurer, S./Hesselmann, S.: Projektmanagement, Stuttgart 2011

Bredemeier, J./Neffke, R./Weizenegger, W.: TVöD/TV-L, München 2013

Breier, A./Dassau, A./Faber, B.: TVöD Eingruppierung in der Praxis, Heidelberg/München/Landsberg, Stand: März 2016

Breisig, T.: Personalbeurteilung, Frankfurt/Main 2005

Bretschneider, F./Wildt, J.: Handbuch Akkreditierung von Studiengängen, Bielefeld 2005

Brunner, A.: Die Kunst des Fragens, München/Wien 2013

Bueren, H.: Betriebliche Gesundheitsförderung, Frankfurt am Main 2002

Dassau, A./Langenbrinck, B.: TVöD Schnelleinstieg ins neue Tarifrecht, Heidelberg/München 2006

Döring, K.W.: Handbuch Lehren und Trainieren in der Weiterbildung, Weinheim/Basel 2008

Doppler, K./Lauterburg, C.: Change Management – Den Unternehmenswandel gestalten, Frankfurt am Main 2014

Drescher, A.: Mitarbeiter im öffentlichen Dienst – Investitionen in die Zukunft!, RiA 2009, S. 258-261

Fieg, W./Rothländer, C.: Das ver.di-Modell einer Entgeltordnung zum TVöD und zum TV-L, ZTR 2008, S. 410–420

Fischer, U./Reihsner, R.: Personalplanung, Frankfurt am Main 2002

Fitting, K.: Betriebsverfassungsgesetz mit Wahlordnung, München 2016

Gehm, T.: Kommunikation im Beruf, Weinheim/Basel 2006

Gröner, H./Fuchs-Brüninghoff, E.: Lexikon der Berufsausbildung, München 2004

Herzberg, B./Schlusen, R.: Tarifvertrag Versorgungsbetriebe, Köln, Stand: Juni 2016

Literaturverzeichnis

Hochschulrektorenkonferenz (HRK): Statistische Daten zu Studienangeboten an Hochschulen in Deutschland Studiengänge, Studierende, Absolventinnen und Absolventen Wintersemester 2015/2016, Bonn November 2015

Hofmann, H.-G./Reidelbach, D.:Tarifrecht im öffentlichen Dienst, Eingruppierung von A-Z, TVöD – TV-L, Köln, Stand: Juni 2016

Jenny,B.:Projektmanagement, Zürich 2014

Knebel, H./Schneider, H.: Die Stellenbeschreibung, Frankfurt am Main 2012

Kollmer, N.: Arbeitsschutzgesetz und -verordnungen, München 2008

Krämer, M.: Grundlagen und Praxis der Personalentwicklung, Göttingen 2007

Krasemann, K.: Das Eingruppierungsrecht des BAT/BAT-O, Frankfurt am Main 2005

Kuner, M.: Leistungsorientierte Bezahlung im TVöD und TV-L, München 2013

Kuster, J./Huber, E./Lippmann, R.: Handbuch Projektmanagement, Berlin/Heidelberg 2008

Leist, A./Mischlewitz, T.: Leistungsentgelt auf Grundlage des TVöD, Köln 2007

Littke, H.-D./Kunow, I./Schulz-Wimmer, H.:Projektmanagement, Freiburg i.Br. 2012

Litschen, K./Kratz, F./Weiß, J.: Leistungsorientierte Bezahlung im öffentlichen Dienst, München 2006

Mentzel, W.: Personalentwicklung, München 2012

Olfert, K./Rahn, H.-J.: Lexikon der Betriebswirtschaftslehre, Herne 2011

Pilartz, A.: Mediation im Arbeitsrecht, München 2013

Reich, A.: Hochschulrahmengesetz, Bad Honnef 2012

Richter, A./Gamisch, A.: Am Anfang steht der Arbeitsvorgang – Systematisierung und aktuelle Rechtsprechung, RiA 2008, S. 145–154

Richter, A./Gamisch, A./Mohr, T.: Das gesamte Eingruppierungsrecht, Regensburg, Stand: April 2016, zit. als geG

Richter, A./Gamisch, A., Das Stelleninterview als Instrument der Eingruppierung, RiA 2007, S. 145–151

Richter, A./Gamisch, A./Mohr, T.: Das Stelleninterview zur Eingruppierung, Regensburg 2016, zit. als StI

Richter, A./Gamisch, A.: Die neuen Hochschulabschlüsse Bachelor und Master im Eingruppierungsrecht des öffentlichen Dienstes, RiA 2009, S. 97–103

Richter, A./Gamisch, A.: Die Stellenbewertungskommission als Instrument der Eingruppierung, RiA 2007, S. 241–246

Richter A./Gamisch A.: Der gescheiterte Weg zum Insourcing? – Die neue Entgeltgruppe 1 im öffentlichen Dienst, AuA 2009, S. 360–363

Literaturverzeichnis

Richter, A./Gamisch, A.: Eingruppierung AVR.Diakonie in der Praxis, Regensburg 2014, zit. als EG AVR

Richter, A./Gamisch, A./Mohr, T.: Eingruppierung Tarifvertrag Versorgung, Regensburg 2015, zit. als EG TV-V

Richter A./Gamisch A.: Grundlagen der Eingruppierung, Regensburg 2014, zit. als Grundlagen

Richter A./Gamisch A.: Leistungsorientierung über beschleunigte und verzögerte Stufenaufstiege gemäß § 17 Abs. 2 TVöD/TV-L?, RiA 2008, S. 49–55

Richter A./Gamisch A./Mohr, T.: Stellenbeschreibung für den öffentlichen und kirchlichen Dienst, Regensburg 2015, zit. als StB

Richter, A./Gamisch, A.: Tarifliche Ansprüche auf Weiterbildung: Wachsendes Problembewusstsein für das neue Rechtsgebiet ›Bildungsrecht, AuA 2007, S. 95–98

Richter A./Gamisch A./Mohr, T.: Tarifvertrag Sozial- und Erziehungsdienst, Regensburg 2016, zit. als TV SuE

Richter A./Gamisch A.: Zeitanteile im Tarifrecht – ihre Ermittlung und Relevanz für die Eingruppierung, RiA 2008, S. 241–248

Richter A./Gamisch A.: Zukünftiges Eingruppierungsrecht erfolgreich vorbereiten – Öffentlicher Dienst zwischen Dynamik und Stillstand, AuA 2008, S. 106–108

Schäfer, F.: Kommunales Change Management: Strategien für Reformen im öffentlichen Dienst, Berlin 2011

Scholz, C.: Personalmanagement, München 2013

Schuler, H.: Lehrbuch der Personalpsychologie, Göttingen/Bern/Wien/Toronto/Seattle/Oxford/Prag 2014

Schulte-Zurhausen, M.: Organisation, München 2014

Schwarz, H.: Arbeitsplatzbeschreibungen, Freiburg i. Br. 1995

Senge, P. M.: Die fünfte Disziplin, Stuttgart 2011

Siebert, H.: Didaktisches Handeln in der Erwachsenenbildung, Hergensweiler 2012

Siepmann, H.: Stellenbewertung für Kommunalbeamte, Köln 2010

Steinbuch, P.: Organisation, Ludwigshafen 2001

Steinherr, F.: Auszuübende Tätigkeit, Eingruppierung und Direktionsrecht – eine Bestandsaufnahme der Rechtsprechung des BAG, ZTR 2005, S. 303–310

Weber, K.: Impulse für eine fortschrittliche Fort- und Weiterbildung, PersR 2009, S. 489–491

Wittlage, H.: Methoden und Techniken praktischer Organisationsarbeit, Herne/Berlin 1993

1. Kapitel: Am Anfang...

1.1 Was die neuen Eingruppierungsregeln bringen

Ab dem 01.01.2017 wird auch für den TVöD-VKA die 2005 begonnene Tarifreform mit dem Inkrafttreten der neuen Eingruppierungsregelungen abgeschlossen sein. Die Einigung der Tarifvertragsparteien zeigt, dass die Neuregelungen inhaltlich weitgehend das alte Recht aufgreifen.

Neue Eingruppierungsregeln wurden überall dort geschaffen, wo sich berufliche Anforderungen im Vergleich zu den Eingruppierungsregelungen des BAT bzw. BMT-G wesentlich geändert haben, so z.b. in der IT, bei der Feuerwehr und im Bäderbereich. Ansonsten wurden an vielen Stellen die alten Tätigkeitsmerkmale höheren Entgeltgruppen zugeordnet als es die bisherige Überleitung gem. Anlage 3 TVÜ-VKA in der bis zum 31.12.2016 geltenden Fassung vorsah, so dass sich vor allem für diese Beschäftigten Eingruppierungsverbesserungen ergeben können.

Die für den Einstieg in die neue Entgeltordnung wesentliche Änderung erfolgt aber mit der Neugestaltung der Übergangsregelung des § 17 Abs. 3 TVÜ-VKA. An der bisher geltenden Übergangsregelung:

§ 17 Abs. 3 TVÜ-VKA in der bis zum 31.12.2016 geltenden Fassung

„[1]Mit Ausnahme der Eingruppierung in die Entgeltgruppe 1 und der Eingruppierung der Ärztinnen und Ärzte sind alle zwischen dem 1. Oktober 2005 und dem In-Kraft-Treten der neuen Entgeltordnung stattfindenden Eingruppierungsvorgänge (Neueinstellungen und Umgruppierungen) vorläufig und begründen keinen Vertrauensschutz und keinen Besitzstand.

[2]Dies gilt nicht für Aufstiege gemäß § 8 Abs. 1 Satz 1 und 2 und Abs. 3 1. Alternative."

Halten die Tarifvertragsparteien nicht fest. Vielmehr haben sich sie sich auf folgendes Vorgehen geeinigt:

„(1) Die Überleitung erfolgt unter Beibehaltung der bisherigen Entgeltgruppe für die Dauer der unverändert auszuübenden Tätigkeit. Eine Überprüfung und Neufeststellung der Eingruppierungen findet aufgrund der Überleitung in die Entgeltordnung für den Bereich der VKA nicht statt.

Protokollerklärung zu Absatz 1:

Die Zuordnung zu der Entgeltgruppe des TVöD nach der Anlage 1 oder 3 TVÜ-VKA in der bis zum 31. Dezember 2016 geltenden Fassung gilt als Eingruppierung."

(§ 29a TVÜ-VKA)

Können wir also die neuen Eingruppierungsregeln beruhigt auf uns zukommen lassen?

1. Kapitel: Am Anfang...

▶ **Hinweis:**

Das muss jeder Tarifanwender für sich entscheiden.

Diese wichtigen Tarifvertragsregelungen sind bei dieser Entscheidung zu beachten:

„1. Ergibt sich nach der Entgeltordnung für den Bereich der VKA (Anlage 1) eine höhere Entgeltgruppe, sind die Beschäftigten auf Antrag in der Entgeltgruppe eingruppiert, die sich nach § 12 (VKA) TVöD ergibt. Der Antrag kann nur bis zum 31. Dezember 2017 gestellt werden (Ausschlussfrist) und wirkt auf den 1. Januar 2017 zurück.... Ruht das Arbeitsverhältnis am 1. Januar 2017, beginnt die Frist von einem Jahr mit der Wiederaufnahme der Tätigkeit; der Antrag wirkt auf den 1. Januar 2017 zurück, (vgl. § 29b Abs. 1 TVÜ-VKA).

2. Die Überleitung erfolgt unter Beibehaltung der bisherigen Entgeltgruppe für die Dauer der unverändert auszuübenden Tätigkeit (vgl. § 29b Abs. 1 TVÜ-VK).

3. Von diesem Grundsatz gibt es nur zwei Ausnahmen. Beschäftigte, die in EG 13 mit Zulage gem. § 17 Abs. 8 TVÜ-VKA eingruppiert sind, werden stufengleich und unter Anrechnung der bereits zurückgelegten Stufenlaufzeit in EG 14 übergeleitet.

4. Aufgrund der Aufspaltung der Entgeltgruppe 9 in die Entgeltgruppen 9a, 9b und 9c haben die Tarifvertragsparteien zudem folgende Überleitungsregelung vereinbart: Beschäftigte der Entgeltgruppe 9, für die keine besonderen Stufenregelungen gelten, sind stufengleich und unter Beibehaltung der in ihrer Stufe zurückgelegten Stufenlaufzeit in die Entgeltgruppe 9b übergeleitet. Beschäftigte der Entgeltgruppe 9, für die gemäß des Anhangs zu § 16 (VKA) TVöD besondere Stufenregelungen gelten, sind in Entgeltgruppe 9a überzuleiten. (zu den Regeln im Einzelnen: § 29c TVÜ-VKA).

▶ **Hinweis:**

In die Entgeltgruppe 9c wird nicht übergeleitet.

Die Entgeltgruppe 9c ist für folgende Eingruppierungsregelungen eröffnet

AT: Allgemeine Tätigkeitsmerkmale
AT: Beschäftigte in der Informations- und Kommunikationstechnik
AT: Bezügerechner
AT: Meister
AT: Techniker
BT: Beschäftigte im kommunalen feuerwehrtechnischen Dienst
BT: Beschäftigte in Leitstellen

1. Kapitel: Am Anfang...

BT: Beschäftigte im Rettungsdienst
BT: Musikschullehrer
BT: Beschäftigte in der Konservierung, Restaurierung, Präparierung und Grabungstechnik
BT: Beschäftigte im Kassen- und Rechnungswesen
BT: Beschäftigte in Bäderbetrieben
BT: Beschäftigte in Häfen und Fährbetrieben
BT: Technische Assistenten und Chemotechniker

Zunächst werden Tarifanwender, die von diesen Neuregelungen stärker betroffen sind oder deren Organisation und Aufgabenverteilung steter Änderungen unterworfen sind, aufgrund der o. g. Regelungen mit einem erhöhten Prüfaufwand rechnen müssen. Aber auch bei allen anderen Tarifanwendern kann es – aufgrund der vielen Verbesserungen im Rahmen der Zuordnung der alten oder neuen Tätigkeitsmerkmalen zu den Entgeltgruppen – verstärkt zu Anträgen kommen, die dann entsprechend zu prüfen sind.

Unklar ist, wie viele Anträge auf Höhergruppierung aufgrund der Neuregelungen tatsächlich zu erwarten sind. Da sich die Beibehaltung der nach Anlage 1 bzw. 3 TVÜ-VKA (in der bis zum 31.12.2016 gültigen Fassung) ermittelten Entgeltgruppe aber nur auf die Dauer der „unverändert auszuübenden Tätigkeit" bezieht, könnte schneller Handlungsbedarf für die Tarifanwender entstehen als zunächst erwartet.

▶ Hinweis:

Denn „unverändert", bedeutet nicht „eingruppierungsrelevante Änderungen", sondern ohne **jede** Änderung (vgl. Duden, Deutsches Universalwörterbuch, Berlin 2015, S. 1866). Jede/r bezeichnet alle Einzelheiten einer Gesamtheit ohne Ausnahme (vgl. Duden, a.a.O., S. 947).

Doch wie diese Änderungen kenntlich/prüfbar machen?

▶ Hinweis:

Eine wichtige Grundlage dieser Prüfung sind Stellenbeschreibungen.

Das Stelleninterview ist dabei eine effektive und effiziente Form der Informationsgewinnung.
(Richter/Gamisch/Mohr, Das Stelleninterview zur Eingruppierung, Regensburg 2016)

1. Kapitel: Am Anfang...

1.2 Die Mitbestimmung der Arbeitnehmervertretung

Der Arbeitnehmervertretung steht bei der Eingruppierung ein Mitbestimmungsrecht zu (§ 99 Abs. 1 Nr. 1 BetrVG, § 75 Abs. 1 Nr. 2 BPersVG). Das Mitbestimmungsrecht ist kein Gestaltungs- sondern ein Beurteilungs-/Kontrollrecht:
- Steht die Eingruppierung mit dem Tarifvertrag im Einklang?
- Wird das Tarifgefüge gewahrt?
- Wird der arbeitsrechtliche Gleichbehandlungsgrundsatz eingehalten?
- Werden einzelne Beschäftigte durch unsachliche Beurteilung im Rahmen bestehender Auslegungsspielräume bevorzugt bzw. benachteiligt?

(vgl. Entscheidung des Hess. VGH vom 6. November 2012, Az.: 22 A 2202/11.PV., PersR 2013, S. 299 ff.)

So stellt sich die Frage, ob im Rahmen der o.g. Überleitungsregelungen eine Eingruppierung vorliegt oder nicht.

Dabei ist zunächst zu beachten, dass die Eingruppierung grundsätzlich - aufgrund der Tarifautomatik - allein an der auszuübenden Tätigkeit hängt, die dann den Tätigkeitsmerkmalen der anzuwendenden Entgeltordnung zuzuordnen ist. Dementsprechend geht das BAG in seiner ständigen Rechtsprechung davon aus, dass wenn sich entweder die Tätigkeit oder die Tätigkeitsmerkmale nicht nur redaktionell ändern, eine Überprüfung der Eingruppierung erforderlich wird. In diesem Fall liegt eine Umgruppierung vor. (BAG Entscheidung vom 27. Juli 1993, AP Nr. 110 zu § 99 BetrVG 1972 mit Hinweis auf BAG Entscheidung vom 3. Oktober 1989, AP Nr. 75 zu § 99 BetrVG 1972; BAG Entscheidung vom 18. Juni 1991, AP Nr. 105 zu § 99 BetrVG 1972).

Und in zwei weiteren Entscheidungen heißt es:

„Eine Umgruppierung findet nicht nur statt, wenn dem Arbeitnehmer eine andere Tätigkeit zugewiesen wird, die den Tätigkeitsmerkmalen einer anderen Vergütungsgruppe entspricht, sondern auch, wenn sich bei gleichbleibender Tätigkeit des Arbeitnehmers die Vergütungsordnung ändert."

(BAG Entscheidung vom 26. Oktober 2004, AP Nr. 29 zu § 99 BetrVG 1972 Eingruppierung mit Hinweis auf BAG Entscheidung vom 10. Dezember 2002, AP Nr. 42 zu § 95 BetrVG 1972).

Eine Umgruppierung wird erforderlich, wenn der Arbeitgeber einer Anwendung des Tarifvertrages unterworfen wird, er also in Bezug auf den einzelnen Arbeitnehmer die für die Ermittlung der Überleitung in die neue Entgeltordnung maßgebenden Tatsachen und ihre Subsumtion anhand tariflicher Überleitungsregeln durchzuführen hat (vgl. BAG Beschluss vom 22. April 2009, 4 ABR 14/08, Rdnr. 53).

1. Kapitel: Am Anfang...

▶ **Praxistipp:**

Dieser Akt der Rechtsanwendung wird für die Zuordnung der Beschäftigten zu den Entgeltgruppen 14 (aus EG 13 mit Zulage), 9a und 9b erforderlich und löst damit das Mitbestimmungsrecht der Arbeitnehmervertretung unter dem Aspekt der Umgruppierung aus (§ 75 Abs. 1 Nr. 2 BPersVG; § 99 Abs. 1 Nr. 1 BetrVG; vgl. BAG Beschluss vom 22. April 2009, Az.: 4 ABR 14/08, Rdnr. 53).

Die anderslautende Entscheidung des VG Mainz vom 05.04.2006 (Az.: 5 K 592/05 MZ, rkr., NZA 2006, S. 502 ff.) zur Überleitung vom BAT- in den TVöD-VKA kann aufgrund dieser BAG-Entscheidung nicht mehr als anwendbar angesehen werden, da der Mitbestimmungstatbestand im Betriebs- bzw. Personalvertretungsrecht keinen unterschiedlichen Regelungsinhalt aufweist. Es geht in beiden Fällen um die Einsortierung in ein kollektives Entgeltschema (siehe z. B. zum Personalvertretungsrecht: BVerwG Beschluss vom 22. Oktober 2007, Az.: 6 P 1.07 und zum Betriebsverfassungsrecht: BAG Beschluss vom 14. April 2015, AP Nr. 143 zu § 99 BetrVG 1972).

Zudem ist zu beachten, dass die Mitbestimmung nicht davon abhängt, ob die tariflichen Überleitungsregeln dem Arbeitgeber einen Beurteilungsspielraum lassen oder nicht (vgl. BAG Beschluss vom 22. April 2009, Az.: 4 ABR 14/08, Rdnr. 57).

Für alle anderen Eingruppierungen (Entgeltgruppe 1 bis 8; 10 bis 15) haben die Tarifvertragsparteien aber die Anwendung der Tarifautomatik für den Zeitpunkt der Überleitung mit dieser Regelung außer Kraft gesetzt:

„Die Überleitung erfolgt unter Beibehaltung der bisherigen Entgeltgruppe ... Eine Überprüfung und Neufeststellung der Eingruppierungen findet aufgrund der Überleitung in die Entgeltordnung für den Bereich der VKA nicht statt".
(§ 29a Abs. 1 TVÜ-VKA)

Damit stellen die Tarifvertragsparteien klar, dass die Entgeltgruppenzuordnungen gem. Anlage 1 bzw. 3 TVÜ-VKA (in der bis zum 31.12.2016 gültigen Fassung) als Eingruppierung gelten. Eine erneute Prüfung (Anwendung des Tarifvertrages auf die einzelnen Beschäftigten) durch den Arbeitgeber ist nicht erforderlich. Eine inhaltliche Auseinandersetzung ist tarifvertraglich nicht notwendig. Damit entsteht keine Maßnahme gegenüber diesen Beschäftigten und damit auch kein Mitbestimmungsrecht der Arbeitnehmervertretung.

1.3 Thesen zur neuen Entgeltordnung

Zum Einstieg fasse ich meine Leitsätze kurz und knapp zusammen! Sie als Leser entscheiden, ob und an welcher Stelle Sie die Einführung der neuen Entgeltordnung vorbereiten werden!

1. Kapitel: Am Anfang...

Thesen zum 2. Kapitel: Die gescheite(-rte) Reform!?

1. These: Die Neugestaltung des Eingruppierungsrechts im TVöD-VKA hat sich bis zum heutigen Tage verzögert.
2. These: Wirkliche Alternativen zum bisherigen, verpönten Eingruppierungsrecht des BAT und BMT-G bietet die neue Entgeltordnung nur mit den wenigen inhaltlichen Neuerungen.
3. These: Die Eingruppierungsvorschriften des BAT bzw. BMT-G sind nicht in jeder Beziehung untauglich für die (zukünftige) Praxis.
4. These: Das Festhalten an bestehenden Regeln sorgt für Rechtssicherheit.
5. These: In jedem Fall gilt es, die Zeit bis zum In-Kraft-Treten der neuen Entgeltordnung sinnvoll zu nutzen.

Thesen zum 3. Kapitel: Die Planungsphase

6. These: Für die Vorbereitung auf die neue Entgeltordnung ist in jedem Fall eine gut durchdachte Planungsphase notwendig.
7. These: Arbeitgeber sollten die Zeit nutzen, um den Ist-Zustand zu ermitteln.
8. These: Der Ist-Zustand muss kritisch mit dem Soll-Zustand verglichen werden.
9. These: Projektarbeit ist die angemessene Methode zur Einführung der neuen Entgeltordnung.
10. These: Entscheidend ist der Einzelfall. Pauschale Empfehlungen greifen zu kurz.

Thesen zum 4. Kapitel: Die Eckpunkte der neuen Entgeltordnung

11. These: Die Praxis kann an die Rechtsprechung zum BAT anknüpfen.
12. These: Die auszuübende Tätigkeit ist Grundlage jeder Eingruppierung.
13. These: Für Tätigkeiten ehemaliger Arbeiter wird erstmals der Rechtsbegriff „Arbeitsvorgang" eingeführt.
14. These: Für die Ermittlung der Eingruppierung sind nach wie vor Arbeitsvorgänge zu bilden.
15. These: Bei den ehemaligen Arbeitern bedeutet die erstmalige Bildung von Arbeitsvorgängen eine Herausforderung.
16. These: Die Tarifvertragsparteien halten am alten System der laufbahnorientierten Eingruppierung fest.

Thesen zum 5. Kapitel: Das System des neuen Eingruppierungsrechts

17. These: Personalwirtschaftlich sind unterschiedliche Bewertungsverfahren zur Ermittlung der Eingruppierung denkbar.
18. These: Die summarische Bewertung konzentriert sich auf eine Gesamtbetrachtung weniger arbeits- und entgeltbestimmender Merkmale.
19. These: Für Beamte bleibt die breiter angelegte analytische Stellenbewertung maßgeblich.

1. Kapitel: Am Anfang...

20. These:	Arbeitgeber müssen sich über die auszuübende Tätigkeit klar sein bzw. werden.
21. These:	Beispieltätigkeiten sollen die Rechtsanwendung erleichtern.
22. These:	Obermerkmale sind zu beachten, wenn keine (eindeutigen) Beispieltätigkeiten bzw. Richtbeispiele vorliegen.
23. These:	Die neuen Bachelor- und Master-Studienabschlüsse bilden unterschiedliche Qualifikationsebenen ab und führen damit zu unterschiedlichen Eingruppierungen.
24. These:	Das neue Eingruppierungsrecht bewegt sich zwischen Kontinuität und Wandel!

Thesen zum 6. Kapitel: Der Arbeitsvorgang

25. These:	Der Arbeitsvorgang als Element der tariflichen Eingruppierung ist der alte und neue Schlüsselbegriff für die Ermittlung der Eingruppierung: Alt im Hinblick auf ehemalige Angestellten- und neu für sog. Arbeitertätigkeiten.
26. These:	Der Arbeitsvorgang bildet die Grundlage für die Eingruppierung.
27. These:	Entscheidend für die Bildung von Arbeitsvorgängen ist die Verwaltungspraxis und damit die tatsächliche Arbeitsorganisation.
28. These:	Dabei ist zu prüfen ist, ob ein fortlaufender Arbeitsablauf oder ein enger innerer Zusammenhang vorliegt.
29. These:	Leitungsaufgaben bilden grundsätzlich einen Arbeitsvorgang.
30. These:	Funktionsmerkmale bilden grundsätzlich einen Arbeitsvorgang.
31. These:	Bei der Bildung von Arbeitsvorgängen muss die (jüngere) Rechtsprechung der Arbeitsgerichte beachtet werden. Beispiele sind die Entscheidungen zum... ...Fluggastkontrolleur ...Angestellter Servicegruppe Innenstadt
32. These:	Schon jetzt kann in die neue Entgeltgruppe 1 eingruppiert werden. Die ersten Entscheidungen der Rechtsprechung liegen vor.
33. These:	Die Bildung von Arbeitsvorgängen stellt (nach wie vor) eine (alte und neue) Herausforderung für die Praxis dar!

Thesen zum 7. Kapitel: Zeitanteile

34. These:	Jedem Arbeitsvorgang sind Zeitanteile zuzuordnen.
35. These:	Es existieren unterschiedliche betriebswirtschaftliche Grundlagen der Zeitermittlung.
36. These:	Die Zeit des Übergangs bis zum in Kraft treten der neuen Entgeltordnung sollte genutzt werden um Zeitanteile zu ermitteln!

Thesen zum 8. Kapitel: Die zentrale Rolle der Stellenbeschreibung

37. These:	In jedem Fall benötigt der Arbeitgeber des öffentlichen Dienstes Stellenbeschreibungen.

1. Kapitel: Am Anfang...

38. These: Das Tarifrecht macht für den Aufbau und den Inhalt einer Stellenbeschreibung Vorgaben, die es zu beachten gilt.
39. These: Das gilt vor allem für die tarifkonforme Sprache.
40. These: Ohne Stellenbeschreibung keine Eingruppierung!

Thesen zum 9. Kapitel: Verfahren zur Entwicklung und Aktualisierung von Stellenbeschreibungen im Überblick

41. These: Das optimale Verfahren zur Einführung von tarifkonformen Stellenbeschreibungen ist generell das Interview-Verfahren.
42. These: Als Alternative kann das Training und Coaching der Führungskräfte dienen.
43. These: Eine Kombination beider Modelle ist möglich.

Thesen zum 10. Kapitel: Qualifizierung

44. These: Die Mitarbeiter, die die Einführung der neuen Entgeltordnung vorbereiten, müssen über eine hinreichende Qualifizierung verfügen.
45. These: Das gilt nicht nur für die Beschäftigten der Personal- und/oder Organisationsabteilung. Ebenso müssen die zuständigen Fachvorgesetzten über ein Mindestwissen verfügen.
46. These: Die Aktivitäten müssen in ein Personal- und Organisationsentwicklungskonzept eingebunden werden und können ideal mit dem leistungsorientierten Entgelt gem. § 18 TVöD-VKA verknüpft werden!

Thesen zum 11. Kapitel: Das Stelleninterview

47. These: Das Stelleninterview ist die beste Methode, die notwendigen Informationen zu erfassen.
48. These: Das Stelleninterview wird in unterschiedlichen Situationen eingesetzt.
49. These: Die personalwirtschaftlichen Grundlagen sind zu beachten.
50. These: Die Vorbereitung und Durchführung der Interviews muss sorgsam geplant werden.
51. These: Der rechtliche Rahmen muss in jedem Fall beachtet werden.
52. These: Das Stelleninterview zur Eingruppierung bietet viele Vorteile!

Thesen zum 12. Kapitel: Coaching der Führungskräfte

53. These: Das Training und Coaching kann unter bestimmten Voraussetzungen eine sinnvolle Alternative darstellen.
54. These: Einer Qualifizierung der Führungskräfte im Vorfeld kommt die entscheidende Bedeutung zu.

1. Kapitel: Am Anfang...

Thesen zum 13. Kapitel: Die Stellenbewertungskommission

55. These: Die Arbeit mit der Stellenbewertungskommission bringt Vorteile.
56. These: In der Vorbereitungsphase auf die neue Entgeltordnung kann die Einführung einer Stellenbewertungskommission sinnvoll sein.
57. These: Denkbare Nachteile sollten nicht ausgeblendet werden.
58. These: Die Organisation der Stellenbewertungskommission muss durchdacht sein.
59. These: Die Arbeit des Gremiums beschleunigt die Entscheidungsfindung.

Thesen zum 14. Kapitel: Mitbestimmung der Arbeitnehmervertretung

60. These: Ohne die Arbeitnehmervertretung ist die Einführung der neuen Entgeltordnung nicht möglich!
61. These: Die frühzeitige Einbindung der Arbeitnehmervertretung beschleunigt das Verfahren und verringert Widerstände!
62. These: Das Bundesverwaltungsgericht räumt dem Personalrat neuerdings ein weites Mitbestimmungsrecht ein. Die Beteiligungsrechte des Betriebsrats stehen dem nicht nach.
63. These: Die Einführung der neuen Entgeltordnung wird zum Teil der Mitbestimmung der Arbeitnehmervertretung unterliegen.

1.4 Fazit

Wie sich die Dienststellen und Betriebe zweckmäßig auf das neue Recht vorbereiten können, stellt dieses Buch im Folgenden dar.

2. Kapitel: ...steht die gescheite(-rte) Reform!?

2.1 Der ambitionierte Start

In einer großen Kraftanstrengung wurde das über 40 Jahre alte Tarifrecht des öffentlichen Dienstes grundlegend erneuert.

1. These: Die Neugestaltung des Eingruppierungsrechts im TVöD-VKA hat sich bis zum heutigen Tage verzögert.

Manche Praktiker staunten, wie zielstrebig und grundlegend die neuen Tarifverträge für den öffentlichen Dienst eingeführt wurden. Die Reform war ambitioniert gestartet: Neben der Modernisierung und Straffung des Mantels von TVöD und TV-L sollte die leistungsorientierte Bezahlung zügig neue Impulse setzen (zum leistungsorientierten Entgelt siehe Kuner, Leistungsorientierte Bezahlung im öffentlichen Dienst, München 2013; Litschen/Kratz/Weiß, Leistungsorientierte Bezahlung im öffentlichen Dienst - die Herausforderung meistern, Heidelberg/München/Landsberg 2006). Im Interesse einer schnellen Modernisierung der Arbeitsbedingungen hatte man ein neues Eingruppierungsrecht zunächst zurückgestellt.

Ursprünglich sollte die neue Entgeltordnung des TVöD bis zum 31. 12. 2006 vorliegen. Das alte Recht sollte (zum Teil) über Bord geworfen werden.

(siehe z.B. Fieg/Rothländer, Das ver.di-Modell einer Entgeltordnung zum TVöD und zum TV-L, ZTR 2008, S. 410 ff.; Drescher, Mitarbeiter im öffentlichen Dienst – Investitionen in die Zukunft!, RiA 2009, S. 258 ff.)

2. These: Wirkliche Alternativen zum bisherigen, verpönten Eingruppierungsrecht des BAT und BMT-G bietet die neue Entgeltordnung nur mit den wenigen inhaltlichen Neuerungen.

In Zusammenhang mit der Entwicklung der neuen Entgeltordnung mussten und müssen sich die alten Eingruppierungsvorschriften des BAT und BMT-G durch die Literatur und Praxis viel Kritik gefallen lassen. Die Gedanken kreisen regelmäßig um ein einfaches, übersichtliches und leicht zu handhabendes Eingruppierungsrecht (siehe z. B. Steinherr, ZTR 2005, S. 303 ff.). Schon ein erster Blick auf die neue Entgeltordnung zeigt, dass sich dieser Traum nicht realisiert hat. Man kann die Sache aber auch anders sehen und feststellen.

2.2 Die Ernüchterung

3. These: Die Eingruppierungsvorschriften des BAT bzw. BMT-G sind nicht in jeder Beziehung untauglich für die (zukünftige) Praxis.

Die neue Entgeltordnung zeigt, dass sich die Hoffnung, die Vielzahl der Berufe und Tätigkeiten des öffentlichen Dienstes in den Strukturen einer komplexen Arbeitswelt

2. Kapitel: ...steht die gescheite(-rte) Reform!?

durch „einfache" Regeln erfassen zu wollen nicht umsetzen ließ. An dem „Prinzip der Einfachheit" sind bereits schmaler angelegte Branchen teilweise gescheitert. Das zeigt der Tarifvertrag Versorgungsbetriebe (TV-V): Dessen Eingruppierungsrecht erscheint an verschiedenen Stellen „zu einfach" gestaltet und wirft in der Praxis viele (neue) Rechtsfragen auf (vgl. Richter/Gamisch/Mohr, EG TV-V). Ähnliches kann von den neuen Arbeitsvertragsrichtlinien der Diakonie bzw. der Diakonie in Bayern gesagt werden. Deren Eingruppierungssystem nach Berufsbildern ist bereits mit der Einführung der neuen Regelungen an verschiedenen Stellen veraltet (vgl. Richter/Gamisch, EG AVR).

Die weitgehende Übernahme der Eingruppierungssystematik des BAT bzw. BMT-G hat für die Praktiker auch einen nicht zu unterschätzenden Vorteil.

4. These: Das Festhalten an bestehenden Regeln sorgt für Rechtssicherheit.

Das geht in der neuen Entgeltordnung sogar so weit, dass ein (manchmal eher unbeliebtes und schon tot geglaubtes) Instrument – der Arbeitsvorgang – eine Renaissance erfährt. Ab dem 01.01.2017 müssen auch für handwerklich-technische Tätigkeiten (sog. Arbeitertätigkeiten) Arbeitsvorgänge gebildet werden.

5. These: In jedem Fall gilt es, die Zeit bis zum In-Kraft-Treten der neuen Entgeltordnung sinnvoll zu nutzen.

Denn eingehende Anträge müssen geprüft und bei Tätigkeitsänderungen neue Eingruppierungen bestimmt werden. Diese Arbeit erleichtern Sie sich, wenn Sie schon jetzt, die notwendige aktuelle Prüfgrundlage – die Stellenbeschreibung – erstellen.

2.3 Fazit

Ein strukturierter Einstieg beginnt mit einer angemessenen Planungsphase.

3. Kapitel: Die Planungsphase

6. These: Für die Vorbereitung auf die neue Entgeltordnung ist in jedem Fall eine gut durchdachte Planungsphase notwendig.

3.1 Der Ist-Zustand ...

7. These: Arbeitgeber sollten die Zeit nutzen, um den Ist-Zustand zu ermitteln.

Die zielgerichtete Vorbereitung auf die neue Entgeltordnung bedarf einer ausgewogenen Planung. Dazu ist es zunächst erforderlich genau zu prüfen, welche der Instrumente bereits in der Dienststelle genutzt werden und in welcher Form.

Es gilt die Ist-Situation der Dienststelle genau zu erfassen und zu bewerten. Dazu sind diese Fragestellungen zu klären:
1. Arbeitet die Dienststelle mit Stellenbeschreibungen?
2. Wie sind die dazu verwendeten Formulare aufgebaut?
3. Gibt es für alle Beschäftigtengruppen (Tarifbeschäftigte und Beamte) ein einheitliches Formular oder kommen unterschiedliche Formulare zum Einsatz?
4. Wer erstellt die Stellenbeschreibungen?
5. Wer setzt diese in Kraft?
6. Wer aktualisiert die Stellenbeschreibungen?
7. Funktioniert der vorhandene Erstellungs- und Änderungsdienst bzw. welche Schwachstellen bestehen?
8. Gibt es bereits für alle Stellen der Dienststelle Stellenbeschreibungen und sind diese aktuell?
9. Mit welchen weiteren Instrumenten zur Dokumentation von Aufgaben und Befugnissen arbeitet die Dienststelle?
10. Sind diese einzelnen Instrumente aufeinander abgestimmt?
11. Für welche Führungs- und Organisationsfragen werden die Stellenbeschreibungen derzeit genutzt?

3.2 ... und der Soll-Zustand

8. These: Der Ist-Zustand muss kritisch mit dem Soll-Zustand verglichen werden.

Anhand der genauen Analyse und Bewertung der Ist-Situation gilt es festgestellte Schwachstellen abzubauen und ein neues bzw. geändertes System in der Dienststelle zur Beschreibung und Bewertung der Stellen der Dienststelle zu organisieren.

In Bezug auf die o. g. Fragestellungen sollte der Soll-Zustand so aussehen:

zu 1.	Für jede Stelle existiert eine aktuelle Stellenbeschreibung.
zu 2.	Das dabei verwendete Formular berücksichtigt die vorhandenen Vorgaben zur Bewertung der Stellen.

3. Kapitel: Die Planungsphase

zu 3.	Dabei sollte in der Dienststelle nur ein Stellenbeschreibungsformular existieren, dass für alle Beschäftigtengruppen (Tarifbeschäftigte und Beamte) einheitlich aufgebaut ist (Vorschlag siehe Kapitel 8.3.1).
zu 4.	Die Stellenbeschreibung als Basis der Bewertung der Stelle setzt entsprechende Kenntnis der Bewertungsmethoden voraus, um zielgerichtet und bewertungskonform beschreiben zu können. Diese Kenntnisse müssen bei den zuständigen Stellen vorliegen, so dass letztlich nur zwei Beschäftigtengruppen in Frage kommen: die Personal- bzw. Organisationsabteilung als personalbewirtschaftende Stelle oder die Führungskräfte (zu den Einzelheiten siehe Kapitel 8.5).
zu 5.	Stellenbeschreibungen dokumentieren Aufbau- und Ablauforganisation des Arbeitgebers. Dementsprechend kann auch nur der Arbeitgeber diese in Kraft setzen (zu den Einzelheiten siehe Kapitel 8.3.1).
zu 6.	Aufgrund der erforderlichen Kenntnis zum Verfassen von Stellenbeschreibungen sollte die Zuständigkeit zwischen Ersterstellung und Aktualisierungsdienst nicht wechseln. Bei der Entscheidung der Zuständigkeit muss der Arbeitgeber auch den erforderlichen Änderungsdienst mit berücksichtigen (zu den Einzelheiten siehe Kapitel 8.5).
zu 7.	Wenn also der vorhandene Erstellungs- und Änderungsdienst in der Dienststelle funktioniert, kann er bestehen bleiben.
zu 8.	Sind bereits für alle Stellen der Dienststelle Stellenbeschreibungen vorhanden, sind diese nur auf Aktualität und Bewertungskonformität zu prüfen.
zu 9.	Dabei gilt es insbesondere zu beachten, dass die Stellenbeschreibung die ausführlichste Dokumentation der Aufbau- und Ablauforganisation darstellt. Deren Aufgaben- und Kompetenzverteilung darf nicht von dem abweichen, was schon in anderen Dokumenten bestimmt wird (Organigramme, Geschäftsverteilungspläne, Dienstanweisungen, z. B. zu Unterschrifts- und Entscheidungsbefugnissen).
zu 10.	Es gilt also die Instrumente untereinander inhaltlich und sprachlich ab- und anzugleichen.
zu 11.	Diese Arbeit soll und muss sich für die Dienststelle lohnen. Das ist nur dann der Fall, wenn die Stellenbeschreibung flächendeckend auch als Führungs- und Organisationsmittel genutzt wird von A wie Ausschreibung bis Z wie Zeugnis.

3.3 Die Planungsgrundlagen

9. These: Projektarbeit ist die angemessene Methode zur Einführung der neuen Entgeltordnung.

Die erstmalige Entwicklung und Einführung von Stellenbeschreibungen in der gesamten Dienststelle kann aufgrund des bereichsübergreifenden Charakters am besten als Projekt organisiert werden.

3.3.1 Der Projektbegriff

In der Betriebswirtschaftslehre existiert kein einheitlicher Begriff des „Projekts". Der Projektbegriff wird dementsprechend unterschiedlich beschrieben. Als allgemeine Merkmale werden die Begriffe Zielvorgabe, zeitliche Befristung, Neuartigkeit, Einmaligkeit, Komplexität und spezifische Organisation genannt (vgl. Bea/Scheurer/Hesselmann,

3. Kapitel: Die Planungsphase

S. 30 ff. m. w. N.; Kuster/Huber/Lippmann, S. 4 ff.). Diese Begriffsklärungen greifen die DIN-Norm 69901 auf. Die im Jahr 2009 neu gestaltete DIN 69901 definiert ein Projekt als Vorhaben, das im Wesentlichen durch die Einmaligkeit der Bedingungen in ihrer Gesamtheit gekennzeichnet ist, wie z. B.
- Zielvorgabe
- zeitliche, finanzielle, personelle oder andere Begrenzungen
- projektspezifische Organisation

(vgl. DIN 69901-5:2009-01).

Diese Grundregeln werden in der betriebswirtschaftlichen Literatur (s. o.) aufgegriffen und um weitere Merkmale ergänzt. Zusammenfassend lassen sich daraus diese allgemeingültigen Kriterien für ein Projekt ableiten:

Ein Projekt ist
- ein konkretes Einzelvorhaben
- einmalig, mit großem Neuigkeitsgehalt für die Dienststelle und damit
- deutlich von den Regel-/Daueraufgaben einer Dienststelle abgrenzbar
- begrenzt hinsichtlich zeitlicher (wenige Wochen bis Jahre) und leistungsspezifischer Faktoren (Sach-, Finanzmittel und Personalressourcen)
- risikoreich (technisch, finanziell, zeitlich)
- komplex (meist interdisziplinär bzw. fachbereichsübergreifend) und bedarf aufgrund dieser Bedingungen einer
- eigenen projektspezifischen Organisation.

3.3.2 Die Organisation eines Projektes

Die Planung von Projekten beinhaltet auch die Planung einer der Aufgabenstellung angemessenen und zielorientierten Projektorganisation.

▶ Hinweis:

Da Projekte gerade keine Daueraufgaben umfassen, benötigen sie eine eigene Organisation (Aufgaben- und Kompetenzverteilung), die durch die vorhandene Aufbau- und Ablauforganisation der Dienststelle nicht abgedeckt werden kann.

Die Projektorganisation soll dabei die Zusammenarbeit aller Projektbeteiligten regeln. Sie trifft eine Zuordnung von Aufgaben (Arbeitspaketen) und Personen und zeigt damit klare Zuständigkeiten und Verantwortlichkeiten auf.

▶ Hinweis:

Die Integration von Projekten in die bestehende Organisation kann auf verschiedenen Wegen erfolgen.

3. Kapitel: Die Planungsphase

In der Praxis werden drei unterschiedliche Organisationstypen verwendet, die sich formal und durch die Art und Weise wie sie mit der bestehenden Organisation verknüpft sind, unterscheiden:

3.3.2.1 Projektkoordination

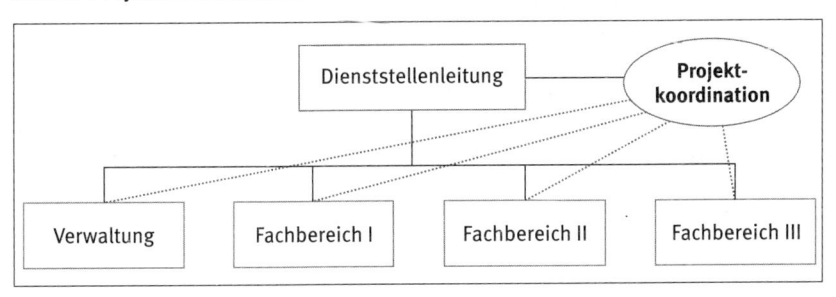

```
                    Dienststellenleitung ——— Projekt-
                                              koordination

Verwaltung    Fachbereich I    Fachbereich II    Fachbereich III
```

Die Projektkoordination bzw. Stab-Linien-Projektorganisation als Form der Projektorganisation wird sehr häufig bei kleineren Projekten angewandt. Sie integriert das Projekt in die bestehende Struktur der Dienststelle und verändert damit am wenigsten die bestehende Aufbauorganisation. Lediglich eine Stabsstelle (Projektkoordination) wird hinzufügt. Der Projektkoordinator hat in dieser Organisationsform nur Beratungs- und Informationsbefugnisse. Er verfügt nicht über Entscheidungsbefugnisse gegenüber den Linieninstanzen. Vielmehr plant und überwacht er die Projektabläufe und schlägt den entsprechenden Linieninstanzen notwendige Maßnahmen vor, über deren Realisierung diese dann zu entscheiden haben. Die Verantwortung bezüglich Zeit, Personalmittel, Kosten und Erreichung des Projektziels liegt damit bei den beteiligten Linieninstanzen der Dienststelle.

3.3.2.2 Reine Projektorganisation

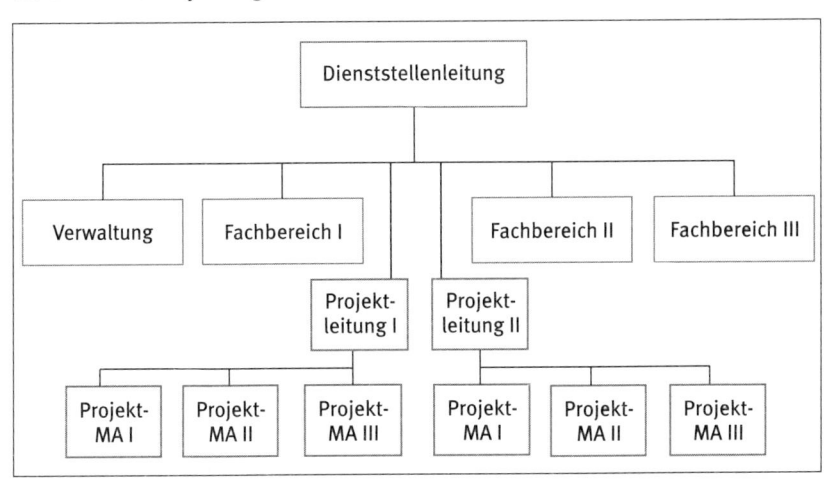

```
                         Dienststellenleitung

Verwaltung    Fachbereich I          Fachbereich II        Fachbereich III
                    Projekt-           Projekt-
                    leitung I          leitung II

        Projekt-  Projekt-  Projekt-   Projekt-  Projekt-  Projekt-
        MA I      MA II     MA III     MA I      MA II     MA III
```

3. Kapitel: Die Planungsphase

Bei diesem Organisationstyp wird für die Dauer des durchzuführenden Projektes eine eigenständige Organisationseinheit gebildet, die vom zuständigen Projektleiter geführt wird und über eigene Ressourcen, Mitarbeiter, Geschäftsräume usw. verfügt.

Der Projektleiter besitzt alle notwendigen Kompetenzen und hat die volle Kontrolle über das Projekt. Die Mitarbeiter arbeiten ausschließlich für dieses Projekt und erhalten ihre Anweisungen unmittelbar vom Projektleiter.

Die reine Projektorganisation unterscheidet sich vor allem durch ihre zeitliche Befristung von der Primärorganisation der Dienststelle. Diese Organisationsform findet vorrangig bei großen Vorhaben statt, die wenig Berührungspunkte mit den alltäglichen Aufgaben der Dienststelle haben, z. B. bei der Entwicklung einer neuen Dienstleistung.

3.3.2.3 Matrix-Projektorganisation

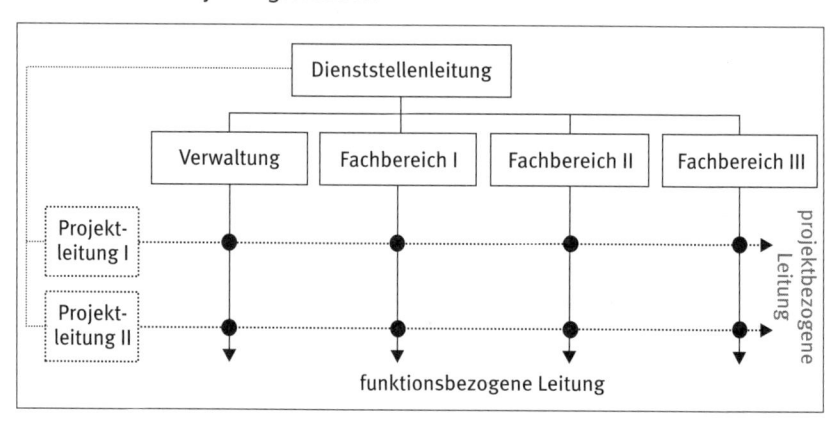

```
                        Dienststellenleitung
                               │
        ┌──────────┬───────────┬───────────┐
    Verwaltung  Fachbereich I  Fachbereich II  Fachbereich III

Projekt-
leitung I ─────●───────────●───────────●───────────●─────▶  projektbezogene
                                                              Leitung
Projekt-
leitung II ────●───────────●───────────●───────────●─────▶

                        funktionsbezogene Leitung
```

Die Matrix-Projektorganisation ist ein Mittelweg zwischen der reinen Projektorganisation und der Linienorganisation. Zugleich stellt sie durch ihre Abhängigkeiten und Gegensätze, die sich aus der hierarchischen Linienorganisation ergeben, die aufwendigste aber auch vielseitigste Organisationsform für Projekte dar. Die vertikale Organisationsstruktur wird von einer horizontal strukturierten Projektorganisation überlagert. Jeder am Projekt beteiligte Mitarbeiter wird somit zwei Leitungsstellen (Instanzen) unterstellt, dem Abteilungsleiter mit aufgabengebundenem und dem Projektleiter mit projektbezogenem Weisungsrecht.
(Littke/Kunow/Schulz-Wimmer, Projektmanagement, Freiburg i.Br. 2012, S. 46 ff.; Jenny, Projektmanagement, Zürich 2014, S. 164 ff.)

3.3.3 Die Projektplanung

Projekte bedürfen unabhängig von ihrem Komplexitätsgrad einer systematischen und zielorientierten Planung, um das vorgegebene Ziel (Projektauftrag) effizient zu erreichen. Die Gesamtplanung eines Projektes wird in einem Projektplan fixiert. Er basiert auf einer systematischen Informationsgewinnung und daraus abgeleiteter einzelner, notwendiger Handlungsschritte und Aktivitäten.

3. Kapitel: Die Planungsphase

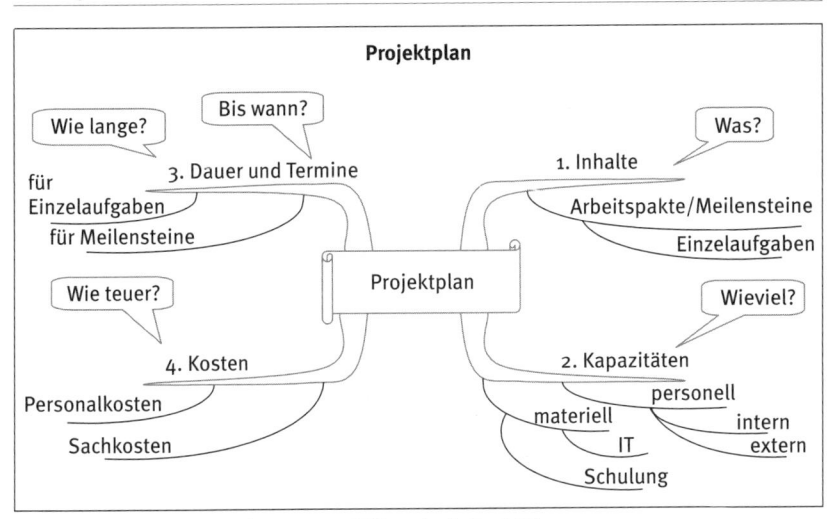

```
                              Projektplan

    ┌──────────┐    ┌──────────┐                        ┌────────┐
    │Wie lange?│    │Bis wann? │                        │  Was?  │
    └──────────┘    └──────────┘         1. Inhalte     └────────┘
   für           3. Dauer und Termine
   Einzelaufgaben                        Arbeitspakte/Meilensteine
       für Meilensteine                              Einzelaufgaben

    ┌──────────┐              Projektplan             ┌──────────┐
    │Wie teuer?│                                      │ Wieviel? │
    └──────────┘                                      └──────────┘
               4. Kosten              2. Kapazitäten
                                              personell
     Personalkosten                    materiell         intern
        Sachkosten                           IT          extern
                                         Schulung
```

(Quelle: IPW – Institut für PersonalWirtschaft GmbH)

Mit Hilfe des Projektplanes werden zunächst die verschiedenen Aspekte des Projektauftrages strukturiert. Inhaltlich (s. 1. Inhalte) wird das zu erreichende Ziel in konkrete Aufgaben (Arbeitspakete mit Einzelaufgaben) unterteilt und wichtige Zwischenergebnisse und Schnittstellen zwischen den einzelnen Arbeitspaketen als sog. Meilensteine definiert und anschließend auf die Projektbeteiligten verteilt (s. 2. Kapazitäten). Neben dieser personellen Kapazitätsplanung gilt es zu berücksichtigen, welche materiellen Kapazitäten für das Erreichen des Projektziels erforderlich sind.

Diese Unterstützungsprozesse bestehen regelmäßig aus einer erforderlichen IT-Unterstützung des Projektes und des zu lösenden Projektauftrages und der Vermittlung des zur Lösung des Projektauftrages erforderlichen, bei den Projektbeteiligten nicht vorhandenen, Wissens (Schulung).

Aus dieser inhaltlichen Planung lassen sich die erforderliche Dauer und damit realistische Termine (s. 3. Dauer und Termine) ableiten. Diese führen abschließend in die Kostenplanung (s. 4.).

Der Projektplan bildet damit die Arbeitsgrundlage für die Durchführung des gesamten Projektes. Mit der Aufstellung des Projektplanes ist aber die Planung nicht abgeschlossen. Sie muss vielmehr im Laufe des Projektes ständig überprüft und ggf. angepasst werden, da sich erfahrungsgemäß einzelne Zeitabschnitte und Arbeitsschritte detaillierter planen lassen als ein Gesamtprojekt. Eine Projektplanung lässt sich somit in eine zweistufige Planungsarbeit einteilen:

3. Kapitel: Die Planungsphase

1. Projektplan = Planung des Gesamtprojektes mit dem jeweils sinnvollen Grad an Genauigkeit und Detaillierung
2. Phasenplan = detaillierte Planung der anstehenden Phase mit einer für die Durchführung ausreichenden Genauigkeit

(vgl. Jenny, Projektmanagement, 3. Auflage Zürich 2014, S. 320 ff.).

Der Ablauf eines Projektes gliedert sich damit in unterschiedliche Phasen:

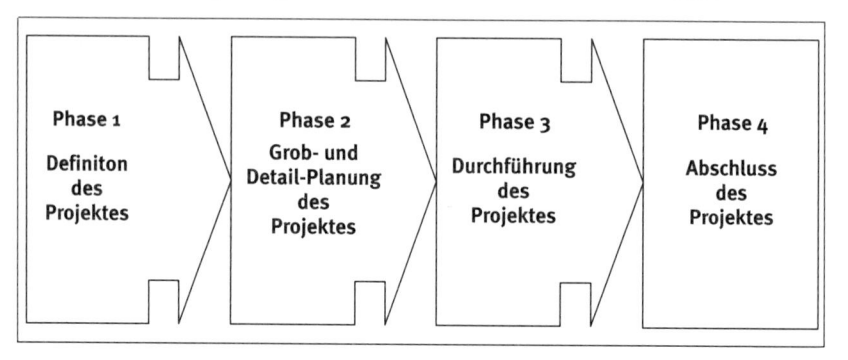

Phase 1
Definiton des Projektes

Phase 2
Grob- und Detail-Planung des Projektes

Phase 3
Durchführung des Projektes

Phase 4
Abschluss des Projektes

Dieser Einteilung in Phasen liegt die Notwendigkeit zu Grunde, die Entwicklung und Realisierung der einzelnen Projektbausteine so zu untergliedern, dass sie zeitlich und logisch voneinander getrennt werden können. Die gezielte Gliederung eines komplexen Vorgangs in abgrenzbare Planungs- und Umsetzungsetappen reduziert zugleich das Risiko von Fehlschlägen und erhöht die Wahrscheinlichkeit, das vorgegebene Projektziel zu erreichen.

So gilt es auch die Phase 3 (Durchführung des Projektes) strukturiert zu planen:

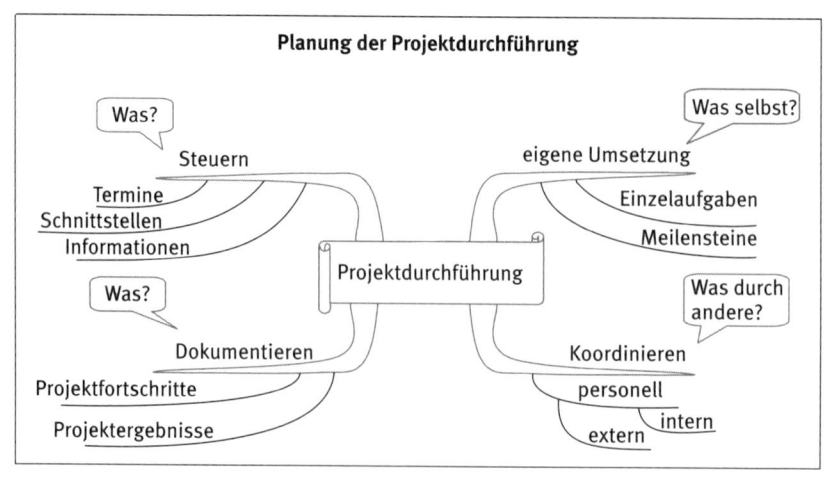

Planung der Projektdurchführung

Was? — Steuern — Termine, Schnittstellen, Informationen

Was selbst? — eigene Umsetzung — Einzelaufgaben, Meilensteine

Was? — Dokumentieren — Projektfortschritte, Projektergebnisse

Was durch andere? — Koordinieren — personell, extern, intern

Projektdurchführung

(Quelle: IPW – Institut für PersonalWirtschaft GmbH)

3. Kapitel: Die Planungsphase

Gerade durch diese genaue, umfassende Planung und Konkretisierung der Arbeitsabläufe, grenzt sich ein Projekt deutlich von den Regelaufgaben innerhalb einer Dienststelle ab. Ein gewissenhaft ausgeführter Projektplan gibt daher differenziert Auskunft über

- Projektstruktur (Aufteilung in überschaubare und abgrenzbare Aufgaben)
- Projektablauf (Erkennen und koordinieren von Arbeitsabläufen)
- Terminplan (Zeitliche Einteilung der Arbeitsabläufe)
- Kapazitätenplan (Koordination aller eingesetzter Mittel)
- Kostenplan (Betriebswirtschaftliche Kontrolle der Finanzmittel).

Das 4-Phasen Modell (siehe oben) beschreibt den Lebenszyklus eines Projektes mit einem festgelegten Anfangs- und Endpunkt. Erst mit dem Erreichen des Projektziels, der Projektabnahme, ist das Projekt beendet.

3.4 Die Planung des Projektes: Vorbereitung der neuen Entgeltordnung

10. These: Entscheidend ist der Einzelfall. Pauschale Empfehlungen greifen zu kurz.

3.4.1 Die Projektorganisation

Welche der Möglichkeiten der Projektorganisation
- Projektkoordination
- Reine Projektorganisation
- Matrix-Projektorganisation

für die Vorbereitung der neuen Entgeltordnung geeignet sind, hängt von der konkreten Ist-Situation der Dienststelle ab.

▶ Hinweis:

> Sind bereits (tarifkonforme) Stellenbeschreibungen vorhanden, die im Rahmen des bestehenden Zuständigkeitssystems lediglich überprüft und überarbeitet werden müssen, ist die Projektkoordination die ausreichende Organisationsform.

Hier gilt es durch den Projektkoordinator die in der Dienststelle zuständigen Stellen (Personal/Organisation und die für die Erstellung und Aktualisierung der Stellenbeschreibungen zuständigen Stellen) inhaltlich und zeitlich aufeinander abzustimmen.

Fehlen hingegen Stellenbeschreibungen bzw. ist das Verfahren der Erstellung und Aktualisierung der Stellenbeschreibungen in der Dienststelle zu überarbeiten, ergibt sich ein viel größerer und grundsätzlicherer Arbeitsauftrag

▶ Hinweis:

> In diesem Fall ist reine Projektorganisation oder Matrix-Projektorganisation sinnvoller.

3. Kapitel: Die Planungsphase

Für die Matrix-Projektorganisation spricht, dass es sich bei der Vorbereitung der neuen Entgeltordnung im Wesentlichen um Aufgaben handelt (Stellenbeschreibung, Stelleninterview bzw. Coaching der Führungskräfte, Stellenbewertungskommission), die als Regelaufgaben in die Dienststellen integriert werden sollten. Dieses Vorbereiten und „Einleben" in die neue Aufgabenstellung wird durch die mit der Matrix-Organisation verbundene „Doppelfunktion" ermöglicht. Die reine Projektorganisation hingegen erleichtert erst einmal den Einstieg in die neue Aufgabenstellung, da sich die Projektbeteiligten – herausgelöst aus den Regelaufgaben – auf die neue Aufgabenstellung konzentrieren können. Gleichzeitig wird die Umstellungsphase erschwert. Ist die Ersteinführung der o. g. Instrumente abgeschlossen, werden die Projektbeteiligten in der Praxis regelmäßig zurück auf ihren Regelarbeitsplätzen mit ihren „alten" Aufgaben „überhäuft". Für das notwendige Vertiefen und Wiederholen der neuen Aufgaben bleibt zu wenig oder keine Zeit. Das neu gewonnene Wissen geht verloren.

3.4.2 Die Projektplanung

Für die Planung des Projektes gilt es, sich zunächst einen inhaltlichen Überblick über den Projektauftrag „Vorbereitung der neuen Entgeltordnung" zu verschaffen. Dazu gehört zum einen, den aktuellen Stand zu kennen und zum anderen daraus konkrete Handlungsfelder zu definieren, die in den Projektplan zusammenfließen.

Den aktuellen Stand bildet das Kapitel „Die Eckpunkte der neuen Entgeltordnung" ab, ergänzt um wichtige Strukturinformationen zur neuen Entgeltordnung im Kapitel „Das System des neuen Eingruppierungsrechts".

Die sich aus dem aktuellen Stand der neuen Entgeltordnung ergebenden Handlungsfelder sind in den Kapiteln 6 bis 14 beschrieben.

3.5 Fazit

Die erfolgreiche Einführung der neuen Entgeltordnung wird nicht „nebenher" gelingen. Vielmehr sind eindeutige Zuständigkeiten und sichtbare Entscheidungsrechte erforderlich. Die Projektmethode ist das geeignete Mittel, diese Aufgabe erfolgreich zu lösen. Das gilt unabhängig von der Größe der Dienststelle bzw. des Betriebes.

(Littke/Kunow/Schulz-Wimmer, Projektmanagement, Freiburg i.Br. 2012, S. 46 ff.; Jenny, Projektmanagement, 3. Auflage Zürich 2014, S. 164 ff.)

4. Kapitel: Die Eckpunkte der neuen Entgeltordnung

4.1 Grundlagen

Die Grundregeln zur Eingruppierung, wie sie in § 22 BAT ihren Niederschlag gefunden haben, wurden im Wesentlichen von den Tarifvertragsparteien mit § 12 TVöD-VKA übernommen:

§ 22 BAT-VKA	§ 12 TVöD-VKA
(1) ¹Die Eingruppierung der Angestellten richtet sich nach den Tätigkeitsmerkmalen der Vergütungsordnung (Anlage 1 a und 1 b).	(1) ¹Die Eingruppierung der/des Beschäftigten richtet sich nach den Tätigkeitsmerkmalen der Entgeltordnung (Anlage 1).
²Der Angestellte erhält Vergütung nach der Vergütungsgruppe, in der er eingruppiert ist.	²Die/Der Beschäftigte erhält Entgelt nach der Entgeltgruppe, in der sie/er eingruppiert ist.
(2) ¹Der Angestellte ist in der Vergütungsgruppe eingruppiert, deren Tätigkeitsmerkmalen die gesamte von ihm nicht nur vorübergehend auszuübende Tätigkeit entspricht.	(2) ¹Die/Der Beschäftigte ist in der Entgeltgruppe eingruppiert, deren Tätigkeitsmerkmalen die gesamte von ihr/ihm nicht nur vorübergehend auszuübende Tätigkeit entspricht.
²Die gesamte auszuübende Tätigkeit entspricht den Tätigkeitsmerkmalen einer Vergütungsgruppe, wenn zeitlich mindestens zur Hälfte Arbeitsvorgänge anfallen, die für sich genommen die Anforderungen eines Tätigkeitsmerkmals oder mehrerer Tätigkeitsmerkmale dieser Vergütungsgruppe erfüllen.	²Die gesamte auszuübende Tätigkeit entspricht den Tätigkeitsmerkmalen einer Entgeltgruppe, wenn zeitlich mindestens zur Hälfte Arbeitsvorgänge anfallen, die für sich genommen die Anforderungen eines Tätigkeitsmerkmals oder mehrerer Tätigkeitsmerkmale dieser Entgeltgruppe erfüllen.
³Kann die Erfüllung einer Anforderung in der Regel erst bei der Betrachtung mehrerer Arbeitsvorgänge festgestellt werden (z. B. vielseitige Fachkenntnisse), sind diese Arbeitsvorgänge für die Feststellung, ob diese Anforderung erfüllt ist, insoweit zusammen zu beurteilen.	³Kann die Erfüllung einer Anforderung in der Regel erst bei der Betrachtung mehrerer Arbeitsvorgänge festgestellt werden (z.B. vielseitige Fachkenntnisse), sind diese Arbeitsvorgänge für die Feststellung, ob diese Anforderung erfüllt ist, insoweit zusammen zu beurteilen.
⁴Werden in einem Tätigkeitsmerkmal mehrere Anforderungen gestellt, gilt das in Unterabsatz 2 Satz 1 bestimmte Maß, ebenfalls bezogen auf die gesamte auszuübende Tätigkeit, für jede Anforderung.	⁴Werden in einem Tätigkeitsmerkmal mehrere Anforderungen gestellt, gilt das in Satz 2 bestimmte Maß, ebenfalls bezogen auf die gesamte auszuübende Tätigkeit, für jede Anforderung.
⁵Ist in einem Tätigkeitsmerkmal ein von Unterabsatz 2 oder 3 abweichendes zeitliches Maß bestimmt, gilt dieses.	⁵Ist in einem Tätigkeitsmerkmal ein von den Sätzen 2 bis 4 abweichendes zeitliches Maß bestimmt, gilt dieses.
⁶Ist in einem Tätigkeitsmerkmal als Anforderung eine Voraussetzung in der Person des Angestellten bestimmt, muss auch diese Anforderung erfüllt sein.	⁶Ist in einem Tätigkeitsmerkmal als Anforderung eine Voraussetzung in der Person der/des Beschäftigten bestimmt, muss auch diese Anforderung erfüllt sein.

4. Kapitel: Die Eckpunkte der neuen Entgeltordnung

Protokollerklärung zu Absatz 2:	Protokollerklärung zu Absatz 2:
1. Arbeitsvorgänge sind Arbeitsleistungen (einschließlich Zusammenhangsarbeiten), die, bezogen auf den Aufgabenkreis des Angestellten, zu einem bei natürlicher Betrachtung abgrenzbaren Arbeitsergebnis führen (z.B.	1. Arbeitsvorgänge sind Arbeitsleistungen (einschließlich Zusammenhangsarbeiten), die, bezogen auf den Aufgabenkreis der/des Beschäftigten, zu einem bei natürlicher Betrachtung abgrenzbaren Arbeitsergebnis führen (z.B.
unterschriftsreife Bearbeitung eines Aktenvorgangs,	unterschriftsreife Bearbeitung eines Aktenvorgangs, eines Widerspruchs oder eines Antrags,
Erstellung eines EKG,	Erstellung eines EKG,
Fertigung einer Bauzeichnung,	Fertigung einer Bauzeichnung,
Eintragung in das Grundbuch,	
Konstruktion einer Brücke oder eines Brückenteils,	Konstruktion einer Brücke oder eines Brückenteils,
Bearbeitung eines Antrags auf Wohngeld,	
Festsetzung einer Leistung nach dem Bundessozialhilfegesetz).	Bearbeitung eines Antrags auf eine Sozialleistung,
	Betreuung einer Person oder Personengruppe,
	Durchführung einer Unterhaltungs- oder Instandsetzungsarbeit).
Jeder einzelne Arbeitsvorgang ist als solcher zu bewerten und darf dabei hinsichtlich der Anforderungen zeitlich nicht aufgespalten werden.	²Jeder einzelne Arbeitsvorgang ist als solcher zu bewerten und darf dabei hinsichtlich der Anforderungen zeitlich nicht aufgespalten werden.
2. Eine Anforderung im Sinne des Unterabsatzes 2 ist auch das in einem Tätigkeitsmerkmal geforderte Herausheben der Tätigkeit aus einer niedrigeren Vergütungsgruppe.	³Eine Anforderung im Sinne der Sätze 2 und 3 ist auch das in einem Tätigkeitsmerkmal geforderte Herausheben der Tätigkeit aus einer niedrigeren Entgeltgruppe.

11. These: Die Praxis kann an die Rechtsprechung zum BAT anknüpfen.

Entgegen aller Kritik halten die Tarifvertragsparteien also an der Systematik des § 22 BAT fest.

4.2 Auszuübende Tätigkeit und Zeitanteile

12. These: Die auszuübende Tätigkeit ist Grundlage jeder Eingruppierung.

Mit dem Festhalten an der „auszuübenden Tätigkeit", „Zeitanteilen" und dem zentralen Begriff des „Arbeitsvorgangs" soll das System nicht nur erhalten, sondern darüber hinaus auch auf Arbeiter erweitert werden.

4. Kapitel: Die Eckpunkte der neuen Entgeltordnung

13. These: Für Tätigkeiten ehemaliger Arbeiter wird erstmals der Rechtsbegriff „Arbeitsvorgang" eingeführt.

Zukünftig müssen damit Arbeitsvorgänge auch für Tätigkeiten ehemaliger Arbeiter gebildet werden (vgl. Richter/Gamisch, RiA 2007, S. 145, 146).

4.3 Der Arbeitsvorgang im Überblick

4.3.1 BAT und TVöD-VKA

„Der Begriff des ›Arbeitsvorgangs‹ ist ein feststehender, abstrakter, von den Tarifvertragsparteien vorgegebener Rechtsbegriff. Die Anwendung eines derart bestimmten Rechtsbegriffs durch die Tatsachengerichte ist in vollem Umfang durch das Revisionsgericht nachprüfbar ... Die Parteien können daher auch nicht unstreitig stellen, dass bestimmte Tätigkeiten einen Arbeitsvorgang im Rechtssinne bilden.... Die Bestimmung des Arbeitsvorgangs ist als Rechtsanwendung Sache der Gerichte ..."
(siehe BAG Urteil vom 31. Juli 2002, AP Nr. 291 zu §§ 22, 23 BAT 1975).

Tarifvertrag und Rechtsprechung definieren den Arbeitsvorgang wie folgt (vgl. Richter/Gamisch/Mohr, StB, S. 107):

Protokollerklärung Nr. 1 zu § 22 Abs. 2 BAT-VKA	ständige Rechtsprechung des BAG (z. B. BAG Urteil vom 6. Juni 2007, AP Nr. 308 zu §§ 22, 23 BAT 1975)
1.1 Arbeitsleistung einschließlich Zusammenhangsarbeiten	2.1 eine unter Hinzurechnung der Zusammenhangstätigkeiten
1.2 die bezogen auf den Aufgabenkreis des Angestellten	2.2 und bei Berücksichtigung einer sinnvollen, vernünftigen Verwaltungsübung
1.3 zu einem bei natürlicher Betrachtung	2.3 nach tatsächlichen Gesichtspunkten abgrenzbare und
	2.4 rechtlich selbständig bewertbare Arbeitseinheit
1.4 abgrenzbaren Arbeitsergebnis führen.	2.5 der zu einem bestimmten Arbeitsergebnis führende Tätigkeit eines Angestellten.

Als Arbeitsleistung (1.1) wird jede zur Erfüllung der Arbeitspflicht verrichtete Aktivität eines Beschäftigten bezeichnet. Die Arbeitsleistung umfasst also die gesamte auszuübende Tätigkeit (= den Aufgabenkreis des Beschäftigten - 1.2/2.5).

Die Arbeitsleistung kann untergliedert werden nach Arbeitseinheiten (2.4), Arbeitsschritten, Zusammenhangstätigkeiten (1.1/2.1) und Arbeitsergebnissen (1.4/2.5).

Zu einer gem. BAG rechtlich selbständig bewertbaren Arbeitseinheit (2.4), dem Arbeitsvorgang, werden alle die Arbeitsleistungen zusammengefasst, die zu einem verwertbaren (Zwischen-)Arbeitsergebnis führen (1.4/2.5). Die bewertungsrelevante Arbeitseinheit besteht aus mehreren aufeinander aufbauenden Arbeitsschritten.

4. Kapitel: Die Eckpunkte der neuen Entgeltordnung

Der Arbeitsschritt ist dabei die kleinste, nicht mehr sinnvoll aufspaltbare Arbeitsleistung des Beschäftigten. Die Reihenfolge der Arbeitsschritte wird als Arbeitsablauf bezeichnet.

Dieser Arbeitsablauf besteht aus Kern- und Zusammenhangstätigkeiten. Zusammenhangstätigkeiten (1.1/1.2) sind dabei typischerweise:
- Führen von Gesprächen und Telefonaten bzgl. der zu lösenden Fälle/Fragen
- Führen von Korrespondenz bzgl. der zu lösenden Fälle/Fragen
- Lesen von Arbeitsunterlagen bzw. –vorlagen (Akten, Gesetze, Statistiken, etc.)
- Fahrtätigkeiten im Rahmen der zu lösenden Fälle/Fragen

Da diese in engem Zusammenhang zu den zu erledigenden – in der Regel höherwertigeren – Kerntätigkeiten stehen, dürfen sie nicht als eigene, getrennte Arbeitseinheiten betrachtet werden. Sie sind vielmehr den Kerntätigkeiten zu einem gemeinsamen Arbeitsvorgang hinzuzurechnen (vgl. z. B. BAG Urteil vom 26. Juli 1995, AP Nr. 203 zu §§ 22, 23 BAT 1975).

So wird eine „wirklichkeitsfremde Zersplitterung eines einheitlichen Arbeitsergebnisses" (siehe BAG Urteil vom 31. Juli 2002, Az.: 4 AZR 129/01) verhindert (sog. Atomisierung). Insbesondere ist es unerheblich, dass es theoretisch möglich wäre, die Arbeit anders zu organisieren und beispielsweise die Bearbeitung auf verschiedene Stelleninhaber zu verteilen (vgl. BAG Urteil vom 14. März 2001, Az.: 4 AZR 172/00, EzBAT §§ 22, 23 BAT A. Allgemein Nr. 80). Maßgeblich ist die vorhandene Organisation (Aufgaben- und Kompetenzverteilung) und damit der konkret zu bewertende Aufgabenkreis des Beschäftigten (1.2/2.2).

14. These: Für die Ermittlung der Eingruppierung sind nach wie vor Arbeitsvorgänge zu bilden.

Liegt ein verwertbares (Zwischen-)Arbeitsergebnis im o. g. Sinne vor, spricht man von einem Arbeitsvorgang (siehe auch weitere Ausführungen in Richter/Gamisch/Mohr, gEG, IV B.7.3 m.w.N.).

Die im Rahmen des übertragenen Aufgabenkreises zu erledigenden Tätigkeiten sind also dann als Arbeitsvorgänge zu klassifizieren, wenn sie zu einem abgrenzbaren Arbeitsergebnis (1.4/2.5) führen, das rechtlich selbständig bewertbar ist (2.4).

So dürfen tatsächlich trennbare Tätigkeiten mit unterschiedlicher tariflicher Wertigkeit nicht zu einem Arbeitsvorgang zusammengefasst werden (vgl. BAG Urteil vom 20. Oktober 1993, AP Nr. 172 zu §§ 22, 23 BAT 1975).

Zusammenfassend ist bei der Bildung von Arbeitsvorgängen also das Arbeitsergebnis entscheidend (1.4/2.5). Es muss bei „natürlicher Betrachtungsweise" (1.3/2.3) von anderen Arbeitsergebnissen abgrenzbar sein (siehe BAG Urteil vom 19. März 2003, Az.: 4 AZR 336/02, NZA 2004, S. 400 [O]; vgl. BAG Urteil vom 31. Juli 2002, Az.: 4 AZR 129/01). Danach sind bei der Bestimmung eines selbständigen Arbeitsergebnisses/ Arbeitsvorgangs Geschäftsverteilung, Behördenanschauung, gesetzliche Bestimmungen, Verwaltungsvorschriften und die behördliche Übung zu berücksichtigen (vgl. BAG Urteil vom 13. Dezember 1978, AP Nr. 12 zu §§ 22, 23 BAT 1975).

(Richter/Gamisch, Grundlagen, S. 15 ff.; Bauer/Bockholt, Rdnr. 85 ff.)

4. Kapitel: Die Eckpunkte der neuen Entgeltordnung

4.3.2 Ehemalige Arbeiter

15. These: Bei den ehemaligen Arbeitern bedeutet die erstmalige Bildung von Arbeitsvorgängen eine Herausforderung.

Neu ist, dass Arbeitsvorgänge nach der neuen Entgeltordnung auch für Tätigkeiten der ehemaligen Arbeiter zu bilden sind (s. Richter/Gamisch, AuA 2009, S. 360 ff., Richter/Gamisch, Grundlagen, S. 57 ff.).

4.4 Die Zeitanteile im Überblick

Zeitanteile dokumentieren die Aufteilung der Arbeitszeit auf die einzelnen Arbeitsvorgänge. Ihre Ermittlung ist dann zweckmäßig, wenn Arbeitsvorgänge und Arbeitsschritte feststehen (so auch Bauer/Bockholt, Rdnr. 150).

▶ **Hinweis:**

Der zeitliche Aufwand ist für jeden Arbeitsvorgang mit Methoden zu ermitteln, wie sie bei Organisationsuntersuchungen zur Personalbedarfsermittlung eingesetzt werden.

Dazu zählen beispielsweise:

- qualifizierte Schätzung
- Selbstaufschreibung/Arbeitstagebuch
- Multimomentaufnahme
- Laufzettelverfahren (BAG Urteil vom 18. Mai 1994, AP Nr. 5 zu §§ 22, 23 BAT Datenverarbeitung; zu den Einzelheiten s. Kapitel 7.1 ff.)

(Richter/Gamisch, RiA 2008, S. 241 ff.; Bauer/Bockholt, Rdnr. 150 ff.)

4.5 Qualifikationsebenen

Der alte BAT hat sich mit seinen Ausbildungsanforderungen am Laufbahnrecht der Beamten orientiert. Die neuen Eingruppierungsregeln zeigen deutlich, dass diese ausbildungs- und damit qualifikationsbezogenen Anforderungen weiter ausgebaut wurden.

16. These: Die Tarifvertragsparteien halten am alten System der laufbahnorientierten Eingruppierung fest.

Die neue Entgeltordnung bildet im Rahmen der Allgemeinen Tätigkeitsmerkmale des Allgemeinen Teils diese Qualifikationsebenen ab:

4. Kapitel: Die Eckpunkte der neuen Entgeltordnung

Qualifikationsebene	Qualifikationsniveau im TVöD-VKA	Laufbahnen der Beamten
Entgeltgruppe 13–15	Wissenschaftlicher Hochschul-/Masterabschluss	höherer Dienst
Entgeltgruppe 9b–12	Fachhochschul-/Bachelor-Abschluss	gehobener Dienst
Entgeltgruppe 5–9a	dreijährige Ausbildung	mittlerer Dienst
Entgeltgruppe 1–4	Un-/Angelernte	einfacher Dienst

Dieses grundsätzliche Zuordnungsniveau wird aber in den speziellen Tätigkeitsmerkmalen der neuen Entgeltordnung durchbrochen: So wird das Qualifikationsniveau „Fachhochschul-/Bachelor-Abschluss" z. B. in den speziellen Tätigkeitsmerkmalen für Ingenieure und IT-Mitarbeiter ab Entgeltgruppe 10 gefordert und eröffnet eine – je nach konkret auszuübender Tätigkeit auf diesem Basisniveau – eine Eingruppierung bis in Entgeltgruppe 13.

4.6 Fazit

Die neue Entgeltordnung folgt dem Prinzip der Kontinuität. Anstelle von revolutionären Neuerungen wird an das alte Recht angeknüpft. Der Praktiker kann sein Erfahrungswissen nutzen. Das schafft Sicherheit für die bevorstehende Antragsprüfung und die zukünftige Arbeit.

5. Kapitel: Das System des neuen Eingruppierungsrechts

5.1 Das Bewertungsverfahren

17. These: Personalwirtschaftlich sind unterschiedliche Bewertungsverfahren zur Ermittlung der Eingruppierung denkbar.

Für die Bewertung menschlicher Arbeitsleistung stellt die Betriebswirtschaftslehre zwei unterschiedliche Verfahren zur Verfügung: das summarische und das analytische Bewertungsverfahren.

Grundlage	Arbeitswert	
Bestimmung	1. nach der Schwierigkeit der Aufgabe/der Tätigkeit und darauf aufbauend	
	2. die damit an den Arbeitnehmer gestellten Arbeitsanforderungen	
Verfahren	summarisch	analytisch
qualitativ (= Bestimmung des Arbeitswertes)	Gesamteinschätzung Kriterien: ⇨ Kenntnisse (Ausbildung) ⇨ Fähigkeiten ⇨ Verantwortung	keine Gesamteinschätzung Kriterien: mehrere arbeitsbestimmende Einzelmerkmale ⇨ Können ⇨ Belastung ⇨ Verantwortung ⇨ Arbeitsbedingungen
quantitativ (= Abstufung der unterschiedlichen Schwierigkeitsgrade)	durch die Bildung von ⇨ Katalogen/Lohngruppen	durch die Bildung von ⇨ Rangreihen ⇨ Stufenwertzahlen
Praxis	Vergütungs-/Entgeltordnungen für Arbeitnehmer	KGSt®-Modell für die Bewertung von Beamtenstellen

(Quelle: IPW – Institut für PersonalWirtschaft GmbH)
(einführend: siehe Richter/Gamisch/Mohr, gEG, IV B.2; vertiefend: Scholz, Personalmanagement, München 2013, S. 735 ff.)

5.1.1 Summarische Bewertung

18. These: Die summarische Bewertung konzentriert sich auf eine Gesamtbetrachtung weniger arbeits- und entgeltbestimmender Merkmale.

Der Sache nach wird am sog. summarischen Verfahren der Stellenbewertung festgehalten. Dieses besteht aus einer qualitativen Gesamteinschätzung der an den Arbeitnehmer gestellten Arbeitsanforderungen. Diese Analyse und Bewertung des Arbeitswertes der

5. Kapitel: Das System des neuen Eingruppierungsrechts

Tätigkeiten des Mitarbeiters erfolgt anhand weniger, vorgegebener Bewertungsmerkmale wie Kenntnisse (Ausbildung), Fähigkeiten und Verantwortung als Maßstab für die Schwierigkeit der Aufgabenstellung des Mitarbeiters. Im Wege eines sog. Katalogverfahrens (Lohngruppenverfahrens) werden diese dann quantifiziert, in dem die unterschiedlichen Schwierigkeitsgrade der Arbeiten zueinander ins Verhältnis gesetzt und unterschiedlichen Lohn- bzw. aktuell Entgeltgruppen zugeordnet (katalogisiert) werden.

5.1.2 Analytische Bewertung

19. These: Für Beamte bleibt die breiter angelegte analytische Stellenbewertung maßgeblich.

Im Gegensatz hierzu erfolgt beim sog. analytischen Verfahren , das beispielsweise bei Dienstpostenbewertungen von Beamten eingesetzt wird (vgl. Siepmann), keine qualitative Gesamteinschätzung der übertragenen Tätigkeiten. Vielmehr werden die qualitativen Anforderungen an die Aufgabenstellung durch mehrere arbeitsbestimmende Anforderungsmerkmale in ihren (wesentlichen) Einzelheiten beschrieben (zergliedert). Als typische Anforderungsmerkmale kommen regelmäßig zum Einsatz: Können, Belastung, Verantwortung, Arbeitsbedingungen. Die Arbeitsschwierigkeit der Aufgabenstellung wird dann aus einer qualitativen Analyse jedes einzelnen Anforderungsmerkmals im Vergleich zu den übertragenen Aufgaben ermittelt. Die Quantifizierung (konkrete Einstufung) der Arbeitsplätze richtet sich nach dem sog. Rangreihenverfahren oder dem Stufenwertzahlverfahren.

▶ Hinweis:

Im alten und neuen Eingruppierungsrecht des öffentlichen Dienstes ist die Bewertung von Stellen anhand des analytischen Verfahrens nicht zulässig (vgl. BAG Urteil vom 15. Februar 1971, AP Nr. 38 zu §§ 22, 23 BAT; BAG Urteil vom 14. August 1985, AP Nr. 109 zu §§ 22, 23 BAT 1975; verfehlt Herzberg/Schlusen, Kapitel B, § 5, Rdnr. 81).

(einführend Bauer/Bockholt, Eingruppierung im öffentlichen Dienst, Köln 2010, Rdnr. 336 ff.; vertiefend Siepmann, Stellenbewertung für Kommunalbeamte, Köln 2010)

5.2 Die Auszuübende Tätigkeit

20. These: Arbeitgeber müssen sich über die auszuübende Tätigkeit klar sein bzw. werden.

Für die Eingruppierung ist nur die auszuübende Tätigkeit maßgeblich. Das gilt auch im neuen Eingruppierungsrecht, da mit § 12 TVöD-VKA die entsprechende Grundregel des § 22 BAT-VKA fortgeführt wird. So bestimmt § 12 TVöD-VKA:

„(1) Die Eingruppierung des/der Beschäftigten richtet sich nach den Tätigkeitsmerkmalen der Entgeltordnung (Anlage 1). Der/Die Beschäftigte erhält Entgelt nach der Entgeltgruppe, in der er/sie eingruppiert ist.

5. Kapitel: Das System des neuen Eingruppierungsrechts

(2) Die/Der Beschäftigte ist in der Entgeltgruppe eingruppiert, deren Tätigkeitsmerkmalen die gesamte von ihm/ihr nicht nur vorübergehend auszuübenden Tätigkeit entspricht. Die gesamte auszuübende Tätigkeit entspricht den Tätigkeitsmerkmalen einer Entgeltgruppe, wenn zeitlich mindestens zur Hälfte Arbeitsvorgänge anfallen, die für sich genommen die Anforderungen eines Tätigkeitsmerkmals oder mehrerer Tätigkeitsmerkmale dieser Entgeltgruppe erfüllen."

Auszuübende Tätigkeit ist die Tätigkeit, die dem Beschäftigten vom Arbeitgeber auf der Grundlage des Arbeitsvertrages und in Ausübung des Direktionsrechts übertragen worden ist.

▶ Hinweis:

Diese Übertragung konkreter Tätigkeiten im Rahmen des Direktionsrechts kann regelmäßig auf Basis einer Stellenbeschreibung erfolgen, ohne die ohnehin nicht sachgerecht eingruppiert werden kann (vgl. Richter/Gamisch/Mohr, StB).

So sind und bleiben wohl folgende Aspekte ohne Bedeutung für die Eingruppierung:

- Stellenanzeigen und Ausschreibungstexte
- Angabe der Entgeltgruppe im Arbeitsvertrag
- Beschlüsse der Dienststellenleitung
- Bewertungen von Stellenbewertungskommissionen
- Einarbeitungszeit
- Eingruppierung vergleichbarer (ausgeschiedener) Beschäftigter
- Eingruppierungsrichtlinien einer Tarifvertragspartei
- Qualität der geleisteten Arbeit
- Quantität der geleisteten Arbeit
- Schlüsselqualifikationen (z. B. Kontaktfähigkeit, Phantasie, Eigeninitiative, Verhandlungsgeschick)

(vgl. Richter/Gamisch/Mohr, gEG, IV B.4.2 m. w. N.)

Hingegen spielt das zur Aufgabenerfüllung notwendige Wissen und Können, wie es regelmäßig durch entsprechende Aus- bzw. Fortbildungen vermittelt wird, nach wie vor die zentrale Rolle.

Tarifkonforme Stellenbeschreibungen sind auch notwendig, wenn die auszuübende Tätigkeit als Beispieltätigkeit (sog. Funktionsmerkmal) ausdrücklich in der Entgeltordnung benannt wird.

5.3 Beispieltätigkeiten und Richtbeispiele

21. These: Beispieltätigkeiten sollen die Rechtsanwendung erleichtern.

Funktionsmerkmale (auch Beispieltätigkeiten bzw. Richtbeispiele) konkretisieren die bewusst abstrakt gehaltenen Obermerkmale der Entgeltordnung. Damit erfüllen sie zwei Funktionen.

5. Kapitel: Das System des neuen Eingruppierungsrechts

Zum einen verdeutlichen sie die abstrakten Obermerkmale und machen sie so verständlicher:

„… die Tarifvertragsparteien haben mit den Beispielen Maß und Richtung für die Auslegung des allgemeinen Begriffs vorgegeben. Bei der Auslegung von unbestimmten Rechtsbegriffen … sind die Tätigkeitsbeispiele daher als Richtlinie für die Bewertung mit zu berücksichtigen …"

(BAG Urteil vom 18. November 2004, AP Nr. 88 zu § 1 TVG Tarifverträge Einzelhandel)

Zum anderen erleichtern sie die Anwendung:

„… sind die allgemeinen Merkmale einer Vergütungsgruppe grundsätzlich erfüllt, wenn der Arbeitnehmer eine Tätigkeit ausübt, die als Regel-, Richt- oder Tätigkeitsbeispiel zu dieser Vergütungsgruppe genannt ist …"

(BAG Urteil vom 8. März 2006, Az.: 10 AZR 538/05).

▶ Hinweis:

Sofern eine Beispieltätigkeit zu 50 % der Arbeitszeit auszuüben ist, muss nicht mehr unter die abstrakten Obermerkmale subsumiert werden (vgl. BAG Urteil vom 29. Oktober 1980, AP Nr. 41; BAG Urteil vom 14. Mai 1986, AP Nr. 119 beide zu §§ 22, 23 BAT 1975; BAG Urteil vom 17. Januar 1996, AP Nr. 4 zu §§ 22, 23 BAT Sparkassenangestellte; BAG Urteil vom 13. November 1996, Az.: 4 AZR 747/94; BAG Urteil vom 21. August 2002, AP Nr. 1 zu § 1 TVG Tarifverträge Krankenkassen).

Die Funktionsmerkmale haben grundsätzlich Vorrang: Sie sind zunächst zu prüfen, weil mit der Benennung der Tätigkeit in einem Beispielskatalog zum Ausdruck kommt, dass die Voraussetzungen der Entgeltgruppe erfüllt werden.

22. These: Obermerkmale sind zu beachten, wenn keine (eindeutigen) Beispieltätigkeiten bzw. Richtbeispiele vorliegen.

Auf die Obermerkmale muss zurückgegriffen werden, wenn die Beispiele ihrerseits unbestimmte Rechtsbegriffe enthalten, die nicht aus sich selbst heraus ausgelegt werden können, oder wenn dasselbe Beispiel in mehreren Entgeltgruppen auftaucht und damit als Kriterium für eine bestimmte Entgeltgruppe ausscheidet (vgl. BAG Urteil vom 8. März 2006, Az.: 10 AZR 538/05).

5.4 Obermerkmale

Obermerkmale (oder auch Oberbegriffe) finden sind eingangs jeder Entgeltgruppe. Dabei handelt es sich um abstrakt gehaltene Tätigkeitsmerkmale, die die Anforderungen der jeweiligen Entgeltgruppe allgemein umschreiben.

Beispiele:
- einfache Tätigkeiten
- gründliche Fachkenntnisse

5. Kapitel: Das System des neuen Eingruppierungsrechts

- abgeschlossene Berufsausbildung
- gründliche und vielseitige Fachkenntnisse
- gründliche, umfassende Fachkenntnisse
- abgeschlossene wissenschaftliche Hochschulbildung usw.

5.5 Die neuen Bachelor- und Master-Studienabschlüsse

23. These: Die neuen Bachelor- und Master-Studienabschlüsse bilden unterschiedliche Qualifikationsebenen ab und führen damit zu unterschiedlichen Eingruppierungen.

Der in 1999 eingeleitete Bologna-Prozess zur Einführung der Bachelor- und Masterstudiengänge dient(e) der Internationalisierung der deutschen Hochschullandschaft im europäischen Kontext. So einigten sich am 19.06.1999 29 europäische Staaten, darunter Deutschland, mit der Bologna-Erklärung auf einen rechtlich unverbindlichen Rahmen zur Schaffung eines europäischen Hochschulraumes bis 2010. Ein Eckpfeiler ist die Einführung eines europaweit vergleichbaren zweistufigen Studiensystems in Anlehnung an das angloamerikanische System mit Bachelor und Master.

Diese rechtlich unverbindliche Absichtserklärung wurde mit § 19 HRG in nationales Recht umgewandelt. Neben dem traditionell einstufigen Studiensystem (§ 18 HRG) wurde mit § 19 HRG die Möglichkeit eröffnet, auch das zweistufige Studiensystem mit Bachelor und Master an deutschen Hochschulen einzuführen. Aus hochschulrechtlicher Sicht gehört(e) das zweistufige Studiensystem mit Bachelor und Master lange (noch) nicht zum Standard (vgl. Reich, § 19 Rdnr. 1).

Mittlerweile spricht die Praxis aber eine andere Sprache: So bieten die deutschen Hochschulen zum Wintersemester 2015/2016 8.298 Bachelor- und 8.099 Masterstudiengänge an. Das sind rund 90% aller angebotenen Studiengänge. Bei den Fachhochschulen liegt der Anteil von Bachelor- und Masterstudiengängen bei fast 99% der insgesamt angebotenen Studiengänge, da an Fachhochschulen keine Staatsexamensstudiengänge angeboten werden. (vgl. HRK, S. 7 ff.)

▶ Hinweis:

Damit ist das zweistufige System von Bachelor und Master längst zum Standard an deutschen Hochschulen geworden. Es existiert also nicht neben dem einstufigen System gemäß § 18 HRG, sondern ersetzt dieses faktisch.

(Richter/Gamisch, RiA 2009, S. 360 ff.)

5.5.1 Der Bachelor (BA)

Mit dem Bachelorstudium wird ein erster berufsqualifizierender Abschluss erworben. Im neuen zweistufigen System von Bachelor und Master stellt er damit den Regelabschluss dar (vgl. Ländergemeinsame Strukturvorgaben gem. § 9 Abs. 2 HRG für die Akkreditierung von Bachelor- und Masterstudiengängen, Beschluss der KMK vom 10. Oktober 2003 i.d. F. v. 4. Februar 2010, S. 3, www.kmk.org).

5. Kapitel: Das System des neuen Eingruppierungsrechts

Das Bachelorstudium vermittelt im Rahmen der Regelstudienzeit von mindestens drei und höchstens vier Jahren wissenschaftliche Grundlagen, Methodenkompetenz und berufsfeldbezogene Qualifikationen. Diese Kenntnisse und Fähigkeiten sollen einen direkten Start ins Berufsleben ermöglichen. Damit dies gelingt, sind die BA-Studiengänge stärker strukturiert als die alten Diplom-Studiengänge mit modularem Aufbau, Credit-Points und studienbegleitenden Prüfungsleistungen.

Die Studieninhalte sind in Form von Modulen strukturiert. Jedes Modul fasst inhaltlich zusammengehörige Lerninhalte in eine in sich abgeschlossene Lerneinheit zusammen. Deshalb muss ein solches Modul regelmäßig innerhalb eines Semesters bzw. eines Jahres abgeschlossen werden können. Ausnahmen sind nur in begründeten Fällen möglich (vgl. Beschluss der KMK vom 10. Oktober 2003 i.d. F. vom 4. Februar 2010, S. 10, www.kmk.org).

Das Credit-Point-System ersetzt die Scheine für absolvierte Lehrveranstaltungen und gesonderte Zwischen- und Abschlussprüfungen. Die jeweils vermittelten Inhalte werden direkt nach Abschluss der Lehrveranstaltung in Klausuren geprüft (sog. studienbegleitende Prüfungsleistungen) und mit der erreichten Anzahl von Credit-Points auf dem Credit-Point-Konto des Studenten vermerkt. Nicht bestandene Klausuren werden dementsprechend mit Minuspunkten belegt, von denen eine bestimmte Höchstzahl nicht überschritten werden darf. Die vergebenen Punkte ersetzen nicht die Bewertung an sich, sie symbolisieren vielmehr die erbrachten Studienleistungen je Lehrveranstaltung/ Modul (vgl. Bretschneider/Pasternack, S. 365).

Im Unterschied zum alten Hochschulrecht verleihen sowohl Fachhochschulen als auch (Technische) Universitäten diesen Grad. Der bisherige Zusatz „(FH)" entfällt.

(Richter/Gamisch, RiA 2009, S. 360 ff.)

5.5.2 Der Master (MA)

Das Masterstudium setzt einen ersten berufsqualifizierenden Hochschulabschluss voraus. Konkret handelt es sich um einen „weiteren" berufsqualifizierenden Abschluss, der auf einem Bachelorgrad, einem Fachhochschul-Diplom oder einem Staatsexamen aufbaut. Damit ist das Masterstudium dem Weiterbildungsbereich zuzurechnen (vgl. Reich, § 19 Rdnr. 4 m. w. N.; Ländergemeinsame Strukturvorgaben gem. § 9 Abs. 2 HRG für die Akkreditierung von Bachelor- und Masterstudiengängen, Beschluss der KMK vom 10. Oktober 2003 i.d. F. v. 4. Februar 2010, S. 5 f.).

Es führt nach einer Regelstudienzeit von mindestens einem und höchstens zwei Jahren zum Mastergrad. Der Master kann in seinem Profil und entsprechend der Institution, in der er erlangt wird „stärker forschungsorientiert" (z.B. an wissenschaftlichen Hochschulen) oder „stärker anwendungsorientiert" (z.B. an Fachhochschulen) ausgerichtet werden.

5. Kapitel: Das System des neuen Eingruppierungsrechts

▶ Hinweis:

Gleich auf welchem Weg der Mastergrad erlangt wird, nach Maßgabe der Kultusministerkonferenz (KMK) soll er ein gleiches Qualifikationsniveau abbilden und damit zu den gleichen Berechtigungen (Zugang zum höheren Dienst, Zugang zur Promotion) führen.

Dabei unterscheidet die KMK zwischen konsekutiven, nicht konsekutiven und weiterbildenden Masterstudiengängen:

Bei konsekutiven Studiengängen baut das Masterstudium inhaltlich auf dem Bachelorstudium auf. Ein entsprechend abgestimmtes Gesamtkonzept sichert den fachlichen Zusammenhang zwischen dem Bachelor- und dem Masterstudium. Dabei kann der Masterstudiengang den vorausgehenden Bachelorstudiengang entweder fachlich fortführen und vertiefen oder fachübergreifend erweitern. Dabei darf die Regelstudienzeit für das konsekutive Bachelor- und Masterstudium insgesamt fünf Jahre nicht überschreiten (vgl. § 19 Abs. 4 HRG). Betrug die Regelstudienzeit für den Bachelorgrad also drei Jahre, kann der Master nach zwei Jahren Regelstudienzeit erlangt werden; betrug die Regelstudienzeit für den Bachelorgrad hingegen vier Jahre, darf die Regelstudienzeit für den Master ein Jahr nicht überschreiten.

Im Gegensatz dazu bauen die nicht-konsekutiven sowie die weiterbildenden Masterstudiengänge nicht auf einem vorausgehenden Bachelorstudiengang auf. Weiterbildende Masterstudiengänge setzen nach dem Bachelorabschluss darüber hinaus regelmäßig eine berufliche Tätigkeit von mindestens einem Jahr voraus. Die dabei gewonnenen Erfahrungen sind entsprechend im Studienangebot zu berücksichtigen.

Die Masterabschlüsse sollen in ihrem wissenschaftlichen und fachlichen Niveau mindestens den alten Diplomabschlüssen an wissenschaftlichen Hochschulen entsprechen (vgl. Beschluss der KMK vom 10. Oktober 2003 i.d. F. vom 4. Februar 2010, S. 8 ff., www.kmk.org).

5. Kapitel: Das System des neuen Eingruppierungsrechts

24. These: Das neue Eingruppierungsrecht bewegt sich zwischen Kontinuität und Wandel!

Diese Entwicklungen spiegeln sich auch in der neuen Entgeltordnung wider:

Entgeltgruppen	Qualifizierungsniveau
13–15	Wissenschaftlicher Hochschul-/Masterabschluss
9b–12	Fachhochschul-/Bachelor-Abschluss

(vgl. Anlage 1 zu § 12 TVöD-VKA)

Die neue Entgeltordnung hat damit Fehler vermieden, wie sie bei der Reform der Arbeitsvertragsrichtlinien im Diakonischen Werk aufgetreten sind, die das neue Hochschulsystem zunächst nur unzureichend berücksichtigt haben (s. Richter/Gamisch, EG AVR).

5.6 Die Struktur der neuen Entgeltordnung

Die Entgeltordnung wird als eigene Anlage 1 zum TVöD-VKA ausgestaltet. Sie umfasst zentral alle Tätigkeitsmerkmale und ist wie folgt aufgebaut:

Vorbemerkungen zu allen Entgeltgruppen

Teil A Allgemeiner Teil
- Abschnitt I.: Allgemeine Tätigkeitsmerkmale
  Ziffer 1.: Allgemeine Tätigkeitsmerkmale – Entgeltgruppe 1
  (einfachste Tätigkeiten)
  Ziffer 2.: Allgemeine Tätigkeitsmerkmale – Entgeltgruppen 2 bis 9a
  (handwerkliche Tätigkeiten)
  Ziffer 3.: Allgemeine Tätigkeitsmerkmale – Entgeltgruppen 2 bis 12
  (Büro-, Buchhalterei-, sonstiger Innendienst und Außendienst)
  Ziffer 4.: Allgemeine Tätigkeitsmerkmale – Entgeltgruppen 13 bis 15
- Abschnitt II.: Spezielle Tätigkeitsmerkmale, die für alle Besonderen Teile gelten
  Ziffer 1.: Bezügerechner
  Ziffer 2.: Beschäftigte in der Informations- und Kommunikationstechnik
  Ziffer 3.: Ingenieure
  Ziffer 4.: Meister
  Ziffer 5.: Techniker
  Ziffer 6.: Vorlesekräfte für Blinde

Teil B Besonderer Teil
Der Besondere Teil enthält spezielle Tätigkeitsmerkmale für bestimmte Bereiche (Verwaltung, Krankenhäuser, etc.).

5. Kapitel: Das System des neuen Eingruppierungsrechts

5.6.1 Grundsätzliche Eingruppierungsregelungen (Vorbemerkungen)

Die Vorbemerkungen enthalten neben Vorgaben zum Geltungsbereich der einzelnen Teile übergreifende Vorgaben und Begriffsbestimmungen. So wurden übergreifende Vorgaben vereinbart bzgl.

- Sonstigen Beschäftigten
- der Anerkennung von DDR-Abschlüssen
- der Ausbildungs- und Prüfungspflicht im Bereich der kommunalen Arbeitgeberverbände Baden-Württemberg, Bayern, Berlin, Niedersachsen, Nordrhein-Westfalen, Rheinland-Pfalz, Saar und Schleswig-Holstein
- der Herausnahme der Lehrkräfte
- zur Eingruppierung nach Unterstellten

Zu den übergreifenden Begriffsbestimmungen zählen:
- Wissenschaftliche Hochschulbildung
- Hochschulbildung
- Anerkannte Ausbildungsberufe
- Ständiger Vertreter

5.6.2 Die Allgemeinen Tätigkeitsmerkmale...

Da die Entgeltordnung beide Beschäftigtengruppen (ehemals Angestellte und Arbeiter) in einer Regelung vereint, war eine Neustrukturierung der Allgemeinen Tätigkeitsmerkmale erforderlich. Zunächst unterscheiden diese ab Entgeltgruppe 2 nach wie vor, ob eine sog. Arbeitertätigkeit (handwerkliche Tätigkeit) vorliegt oder nicht. Diese Unterscheidung ist nur für die Entgeltgruppe 1 (einfachste Tätigkeiten) entbehrlich. Die Beispiele der Entgeltgruppe 1 zeigen aber, dass hier der Schwerpunkt eher im handwerklichen, denn im geistigen Tun liegt.

5.6.3 ... für handwerkliche Tätigkeiten (sog. Arbeitertätigkeiten)

Die Vorbemerkung Nr. 1 regelt, dass die Tätigkeitsmerkmale der Ziffer 2 nur für Beschäftigte mit handwerklichen Tätigkeiten gelten, deren Tätigkeit nicht in einem speziellen Tätigkeitsmerkmal aufgeführt ist. Die allgemeinen Tätigkeitsmerkmale für Beschäftigte im Büro-, Buchhalterei-, sonstigen Innendienst und Außendienst finden keine Anwendung.

Für handwerkliche Tätigkeiten ist somit zunächst zu prüfen, ob sich der bzw. die Arbeitsvorgänge einem speziellen Tätigkeitsmerkmal für Arbeiter zuordnen lässt/lassen. Ist dies nicht der Fall, kommen die obigen allgemeinen Tätigkeitsmerkmale zum Tragen.

Die Tätigkeitsmerkmale selbst sind im Wesentlichen den alten Einreihungsregeln der Arbeiter bzw. der Entgeltordnung des TVöD-Bund übernommen worden (zu den Eingruppierungsregeln des TVöD-Bund s. a. Richter/Gamisch, Eingruppierung TVöD-Bund in der Praxis, Regensburg 2014).

5. Kapitel: Das System des neuen Eingruppierungsrechts

5.6.4 ... für durch geistiges Tun geprägte Tätigkeiten (sog. Angestelltentätigkeiten)

Zunächst wurden die Tätigkeitsmerkmale des BAT fortgeführt (Fachkenntnisse, selbständige Leistungen, etc.). Diese wurden um neue, vor allem ausbildungsbezogene Merkmale ergänzt. Damit gelten folgende (*neue*) Tätigkeitsmerkmale:

gem. neuer EGO			gem. BAT-/TVÜ-VKA (Anlage 3)			
EG	FG	Tätigkeitsmerkmale	EG	VG	FG	Tätigkeitsmerkmale
1	ohne	einfachste Tätigkeiten 50%	1	ohne		Einfachste Tätigkeiten 50%
2	ohne	*einfache Tätigkeiten 50%*	2	IX	ohne	einfachere Arbeiten 50 %
				X	ohne	mechanische Tätigkeiten 50 %
3	ohne	*eingehende fachliche Einarbeitung 50%*	3	VIII	1b	gründliche Fachkenntnisse 25 %
				VIII	1a	schwierigere Tätigkeit 50%
4	2	*schwierige Tätigkeiten 50%*	4			*nicht besetzt*
	1	Heraushebung aus EG 3: gründliche Fachkenntnisse 25 %				
5	1	*abgeschlossene Ausbildung in einem anerkannten Ausbildungsberuf von mind. 3 Jahren und entsprechende Tätigkeit 50 %*	5	VII	1b	gründliche und vielseitige Fachkenntnisse 50 %
	2	gründliche Fachkenntnisse 50 %		VII	1a	gründliche Fachkenntnisse 50 %
6	1	Beschäftigte der EG 5 FG 1 mit gründlichen und vielseitigen Fachkenntnissen 50 %	6	VIb	1a	gründliche und vielseitige Fachkenntnisse 50 % selbständige Leistungen 20 %
	2	Beschäftigte der EG 5 FG 2 mit vielseitigen Fachkenntnissen 50 %				
7	ohne	Beschäftigte der EG 6 mit selbständigen Leistungen 20 %	7			*nicht besetzt*
8	ohne	Beschäftigte der EG 6 mit selbständigen Leistungen 1/3	8	Vc	1b	gründliche und vielseitige Fachkenntnisse 50 % selbständige Leistungen 50 %
				Vc	1a	gründliche und vielseitige Fachkenntnisse 50 % selbständige Leistungen 1/3

(Quelle: IPW – Institut für Personalwirtschaft, Fulda)

5. Kapitel: Das System des neuen Eingruppierungsrechts

gem. neuer EGO			gem. BAT-/TVÜ-VKA (Anlage 3)			
EG	FG	Tätigkeitsmerkmale	EG	VG	FG	Tätigkeitsmerkmale
9a	ohne	Beschäftigte der EG 6 mit selbständigen Leistungen 50%	9			
9b	1	*abgeschlossene HS-Bildung oder Sonstiger und entsprechende Tätigkeit 50 %*		Vb	1a	gründliche, umfassende Fachkenntnisse 50% selbständige Leistungen 50%
9b	2	gründliche, umfassende Fachkenntnisse 50% selbständige Leistungen 50%		Vb	1b	Heraushebung aus VG Vb FG 1a: besonders verantwortungsvolle Tätigkeit 1/3
9c	ohne	Heraushebung aus der EG 9b durch: besonders verantwortungsvolle Tätigkeit 50%		IVb	1a	Heraushebung aus VG Vb FG 1a: besonders verantwortungsvolle Tätigkeit 50%
10	ohne	Heraushebung aus der EG 9c durch: besondere Schwierigkeit und Bedeutung 1/3	10	IVa	1a	Heraushebung aus VG IVb FG 1a: besondere Schwierigkeit und Bedeutung 1/3
11	ohne	Heraushebung aus der EG 9c durch: besondere Schwierigkeit und Bedeutung 50%	11	IVa	1b	Heraushebung aus VG IVb FG 1a: besondere Schwierigkeit und Bedeutung 50%
12	ohne	erhebliche Heraushebung aus der EG 11 durch: Maß an Verantwortung 50%	12	III	1a	erhebliche Heraushebung aus VG IVa FG 1b: Maß an Verantwortung 50%
13	1	abgeschlossene wiss. HS-Bildung oder Sonstiger und entsprechende Tätigkeit 50 %	13	II	1a	abgeschlossene wiss. HS-Bildung oder Sonstiger und entsprechende Tätigkeit 50 %
13	1			II	1b	Heraushebung aus VG II FG 1a: besondere Schwierigkeit und Bedeutung 1/3
13	1			II	1c	Heraushebung aus VG II FG 1a: hochwertige Leistungen bei besonders schwierigen Aufgaben 1/3
13	2	Beschäftigte in kommunalen Einrichtungen und Betrieben deren Tätigkeit wegen der Schwierigkeit der Aufgaben und der Größe ihrer Verantwortung ebenso zu bewerten ist wie Tätigkeiten nach FG 1		II	1d	AN in kommunalen Einrichtungen und Betrieben deren Tätigkeit wegen der Schwierigkeit der Aufgaben und der Größe ihrer Verantwortung ebenso zu bewerten ist wie Tätigkeiten nach FG 1

(Quelle: IPW – Institut für Personalwirtschaft, Fulda)

5. Kapitel: Das System des neuen Eingruppierungsrechts

gem. neuer EGO			gem. BAT-/TVÜ-VKA (Anlage 3)			
EG	FG	Tätigkeitsmerkmale	EG	VG	FG	Tätigkeitsmerkmale
14	1	Heraushebung aus EG 13 FG 1: hochwertige Leistungen bei besonders schwierigen Aufgaben 1/3 oder besondere Schwierigkeit und Bedeutung 1/3	14	Ib	1a	Heraushebung aus VG II FG 1a: besondere Schwierigkeit und Bedeutung 50%
14	3	3 AN der EG 13 durch ausdrückliche Anordnung ständig unterstellt	14	Ib	1b	3 AN der VG II durch ausdrückliche Anordnung ständig unterstellt
14	2	Beschäftigte in kommunalen Einrichtungen und Betrieben ... wie Tätigkeiten nach FG 1	14	Ib	1c	Heraushebung aus VG II FG 1a: hochwertige Leistungen bei besonders schwierigen Aufgaben 50 %
					1d	AN in kommunalen Einrichtungen und Betrieben ... wie Tätigkeiten nach FG 1a oder 1c
15	1	Heraushebung aus EG 13 FG 1: besondere Schwierigkeit und Bedeutung 50% und Erhebliches Maß an Verantwortung 50%	15	Ia	1a	erhebliche Heraushebung aus VG Ib FG 1a: Maß an Verantwortung 50%
15	3	5 AN der EG 13 durch ausdrückliche Anordnung ständig unterstellt	15	Ia	1b	5 AN der VG II durch ausdrückliche Anordnung ständig unterstellt
15	2	Beschäftigte in kommunalen Einrichtungen und Betrieben ... wie Tätigkeiten nach FG 1	15	Ia	1c	AN in kommunalen Einrichtungen und Betrieben ... wie Tätigkeiten nach FG 1a

(Quelle: IPW – Institut für Personalwirtschaft, Fulda)

Bei der Neugestaltung der Tätigkeitsmerkmale haben sich die Tarifvertragsparteien offensichtlich ebenfalls im Wesentlichen an der Entgeltordnung des TVöD-Bund orientiert (zu den Eingruppierungsregeln des TVöD-Bund s. a. Richter/Gamisch, Eingruppierung TVöD-Bund in der Praxis, Regensburg 2014).

Damit ist die Eingruppierung zunächst wesentlich von der für die Aufgabenlösung erforderlichen Fachlichkeit abhängig. Diese wird – neben den bereits bekannten Fachkenntnis-Merkmalen – anhand von Qualifikationsebenen gemessen:

5. Kapitel: Das System des neuen Eingruppierungsrechts

auszuübende Tätigkeit erfordert Kenntnisse auf dem Niveau...	Qualifikationsebene
... abgeschlossene wissenschaftliche Hochschulbildung (Dipl./Master)	Entgeltgruppen 13 – 15
... abgeschlossene Hochschulbildung (Dipl.-FH/Bachelor)	Entgeltgruppen 9b – 12
... abgeschlossene Berufsausbildung	Entgeltgruppen 5 – 9a
... keine abgeschlossene Berufsausbildung	Entgeltgruppen 1 – 4

(Quelle: IPW – Institut für Personalwirtschaft, Fulda)

Für die Frage, welche Entgeltgruppe innerhalb der Qualifikationsebene zum Tragen kommt, spielt durch die Tätigkeitsmerkmale „Vielseitigkeit" und „besondere Schwierigkeit" zunächst wieder die Fachlichkeit der Arbeitsvorgänge eine Rolle, während die Tätigkeitsmerkmale „selbständigen Leistung", „besonders verantwortungsvolle Tätigkeit", „Bedeutung" und „Maß an Verantwortung" die inhaltlich-fachliche Entscheidungsgewalt des Beschäftigten und die damit verbunden Auswirkungen des Handelns des Beschäftigten honorieren (Richter/Gamisch/Mohr, gEG, IV D.1).

5.7 Fazit

Das summarische Bewertungsverfahren bleibt das Maß der Dinge. Damit ist es nach wie vor unerlässlich, die Bewertung der Dienstposten von Beamten von der Eingruppierung der Tarifbeschäftigten zu unterscheiden. Die Tücke liegt also im Detail.

6. Kapitel: Der Arbeitsvorgang

6.1 Der Arbeitsvorgang als Element der tariflichen Eingruppierung

25. These: Der Arbeitsvorgang als Element der tariflichen Eingruppierung ist der alte und neue Schlüsselbegriff für die Ermittlung der Eingruppierung: Alt im Hinblick auf ehemalige Angestellten und neu für sog. Arbeitertätigkeiten.

Der Arbeitsvorgang ist seit 1975 mit nunmehr über 40 Jahren fester Bestandteil des Eingruppierungsrechts im öffentlichen Dienst. Trotzdem zählt seine rechtskonforme Bildung nach wie vor zur ersten großen Hürde, die es bei der Feststellung der tariflichen Eingruppierung zu nehmen gilt.

Und doch wurde vielen, die ihn zum 40. Jahrestag gern aus den Tarifwerken des öffentlichen Dienstes verabschiedet hätten, durch die Tarifvertragsparteien eine Absage erteilt. Die neuen Tarifverträge (TVöD/TV-L) haben die Stellung des Arbeitsvorgangs als wesentliches Element der Eingruppierung gestärkt und ausgeweitet. Denn zukünftig wird er auch bei der Eingruppierung der ehemaligen Arbeitertätigkeiten als Bewertungseinheit Einzug halten (siehe einführend Kapitel 4).

Die Definition des Begriffs „Arbeitsvorgang" wurde bereits im 4. Kapitel vorgestellt, sie lautet:

Protokollerklärung zu § 22 Absatz 2 BAT-VKA	Protokollerklärung zu § 12 Absatz 2 TVöD-VKA
1. Arbeitsvorgänge sind Arbeitsleistungen (einschließlich Zusammenhangsarbeiten), die, bezogen auf den Aufgabenkreis des Angestellten, zu einem bei natürlicher Betrachtung abgrenzbaren Arbeitsergebnis führen (z.B.	1. Arbeitsvorgänge sind Arbeitsleistungen (einschließlich Zusammenhangsarbeiten), die, bezogen auf den Aufgabenkreis der/des Beschäftigten, zu einem bei natürlicher Betrachtung abgrenzbaren Arbeitsergebnis führen (z.B.
unterschriftsreife Bearbeitung **eines** Aktenvorgangs,	unterschriftsreife Bearbeitung **eines** Aktenvorgangs, **eines** Widerspruchs oder **eines** Antrags,
Erstellung **eines** EKG,	Erstellung **eines** EKG,
Fertigung **einer** Bauzeichnung,	Fertigung **einer** Bauzeichnung,
Eintragung in das Grundbuch,	
Konstruktion **einer** Brücke oder **eines** Brückenteils,	Konstruktion **einer** Brücke oder **eines** Brückenteils,
Bearbeitung **eines** Antrags auf Wohngeld,	
Festsetzung **einer** Leistung nach dem Bundessozialhilfegesetz.	Bearbeitung **eines** Antrags auf eine Sozialleistung,
	Betreuung **einer** Person oder Personengruppe,
	Durchführung **einer** Unterhaltungs- oder Instandsetzungsarbeit).

6. Kapitel: Der Arbeitsvorgang

Der Vergleich zeigt, dass die Tarifvertragsparteien die Grunddefinition lediglich redaktionell angepasst haben. Änderungen gab es lediglich bei den Beispielen (siehe oben). Insgesamt zeigt sich aber, dass es bei der singulären und objektbezogenen Betrachtung der Tarifvertragsparteien geblieben ist, was erstaunen mag, da diese nie Eingang in die Rechtsprechung des BAG gefunden hat (Übersicht über die BAG-Rechtsprechung siehe z.B. Richter/Gamisch, Grundlagen, S. 43 ff.).

(Richter/Gamisch, Grundlagen, S. 15 ff.; Richter/Gamisch, RiA 2008, S. 145 ff.; Bauer/Bockholt, Die Eingruppierung im öffentlichen Dienst, Köln 2010, Rdnr. 85 ff.)

6.2 Der Arbeitsvorgang als Eingruppierungsgrundlage

26. These: Der Arbeitsvorgang bildet die Grundlage für die Eingruppierung.

Die Definition der Tarifvertragsparteien zum Arbeitsvorgang hat die Rechtsprechung zwar in ihren Grundzügen aufgenommen, aber auch rechtserheblich ergänzt (vgl. Richter/Gamisch, Grundlagen, S. 30 f. m. w. N.):

	Protokollerklärung Nr. 1 zu § 22 Abs. 2 BAT-VKA		ständige Rechtsprechung des BAG, z. B. BAG Urteil v. 6. Juni 2007, AP Nr. 308 zu §§ 22, 23 BAT 1975
1.1	Arbeitsleistung einschließlich Zusammenhangsarbeiten	2.1	eine unter Hinzurechnung der Zusammenhangstätigkeiten
1.2	die bezogen auf den Aufgabenkreis des Angestellten	2.2	und bei Berücksichtigung einer sinnvollen, vernünftigen Verwaltungsübung
1.3	zu einem bei natürlicher Betrachtung	2.3	nach tatsächlichen Gesichtspunkten abgrenzbare und
		2.4	**rechtlich selbständig bewertbare Arbeitseinheit**
1.4	abgrenzbaren Arbeitsergebnis führen.	2.5	der zu einem bestimmten Arbeitsergebnis führende Tätigkeit eines Angestellten.

Anders als die Tarifvertragsparteien definiert das BAG keine konkreten Beispiele, sondern führt statt dessen aus, dass alle Tätigkeiten, die eine rechtlich selbständig bewertbare Arbeitseinheit bilden, zu einem Arbeitsvorgang zusammengefasst werden können.

Dementsprechend setzt sich der Arbeitsvorgang nicht aus der Lösung eines Einzelfalls zusammen, sondern aus der Lösung aller Fälle des zugeordneten Themenfeldes, denn das BAG bestimmt:

„Bei der Bestimmung von Arbeitsvorgängen können wiederkehrende gleichartige und gleichwertige Arbeitsleistungen zusammengefasst werden (ständige Rechtsprechung, zB BAG 31. 7. 2002 – 4 AZR 163/01 – BAGE 102, 122, 125 = AP BAT 1975 §§ 22, 23 Nr. 292; 16. 4. 1986 – 4 AZR 595/84 – BAGE 51, 356, 360 f. = AP BAT 1975 §§ 22,

6. Kapitel: Der Arbeitsvorgang

23 Nr. 120; 30. 1. 1985 – 4 AZR 184/83 – AP BAT 1975 §§ 22, 23 Nr. 101; 13. 12. 1978 – 4 AZR 322/77 – AP BAT 1975 §§ 22, 23 Nr. 12)".

BAG Urteil vom 23. September 2009, AP Nr. 40 zu §§ 22, 23 BAT-O

So bildet

„bei der Bearbeitung von Anträgen und Widersprüchen nicht jeder einzelne Antrag einen eigenen Arbeitsvorgang, sondern erst die Befassung mit allen Anträgen oder Widersprüchen füllt diesen Rechtsbegriff aus (BAG 6. 3. 1996 – 4 AZR 775/94 – [II 3 b der Gründe], AP BAT §§ 22, 23 Sozialarbeiter Nr. 23; 28. 9. 1983 – 4 AZR 93/81; 12. 8. 1981 – 4 AZR 15/79 – AP BAT 1975 §§ 22, 23 Nr. 47). Nicht zusammengefasst werden können allerdings Bearbeitungen, die tariflich unterschiedlich zu bewerten sind. Dies gilt jedoch nur, wenn die unterschiedlich wertigen Arbeitsleistungen von vorne herein – sei es aufgrund der Schwierigkeit oder anderer Umstände – auseinander gehalten werden können und von einander zu trennen sind (BAG 6. 3. 1996 – 4 AZR 775/94 – AP BAT §§ 22, 23 Sozialarbeiter Nr. 23; 16. 4. 1986 – 4 AZR 595/04 – [1 der Gründe], AP BAT 1975 §§ 22, 23 Nr. 120). Allein die theoretische Möglichkeit, einzelne Arbeitsschritte isoliert auf andere Angestellte übertragen zu können, ergibt hierfür keinen entscheidenden Anhalt. Es kommt nach der Senatsrechtsprechung für die tarifliche Bewertung nicht darauf an, ob und inwieweit Einzelaufgaben verwaltungstechnisch verschiedenen Angestellten zugewiesen werden könnten, solange sie im Zusammenhang als eine einheitliche Arbeitsaufgabe noch einer Person übertragen sind (vgl. BAG 23. 2. 2005 – 4 AZR 191/04 – ZTR 2005, 643). Tatsächlich trennbar sind Arbeitsschritte nicht, wenn sich erst im Laufe der Bearbeitung herausstellt, welchen tariflich erheblichen Schwierigkeitsgrad der einzelne Fall aufweist (BAG 14. 12. 1994 – 4 AZR 950/93 – AP BAT §§ 22, 23 Sozialarbeiter Nr. 10)."

BAG Urteil vom 23. September 2009, AP Nr. 40 zu §§ 22, 23 BAT-O

Diese summarische Betrachtung wird in der Literatur kritisch gesehen und von der Anwendung der BAG-Rechtsprechung abgeraten (siehe Breier/Dassau/Faber, C 1.1, Rdnr. 76 ff., 82). Doch was passiert, wenn man diesem Rat folgt? Ein Beispiel aus der Rechtsprechung:

Der Arbeitgeber bildete u. a. für die Bearbeitung von Wohngeldanträgen diese getrennten Arbeitsvorgänge:

1. Arbeitsvorgang für Erstanträge (ohne schwierige Sachverhalte) mit einem Zeitanteil von 13%

2. Arbeitsvorgang für Erstanträge mit schwierigen Sachverhalten mit einem Zeitanteil von 6%

3. Arbeitsvorgang für Folgeanträge (ohne schwierige Sachverhalte) mit einem Zeitanteil von 30%

4. Arbeitsvorgang für Folgeanträge mit schwierigen Sachverhalten mit einem Zeitanteil von 16%

6. Kapitel: Der Arbeitsvorgang

Nur in den Arbeitsvorgängen 2. und 4. waren die Anforderungen an das Tätigkeitsmerkmal „selbständige Leistungen" erfüllt. Aufgrund der Zeitanteile (6% und 16%) führte dies insgesamt zu einer Eingruppierung nach VG VIb (20% selbständige Leistungen). (vgl. BAG Urteil vom 23. September 2009, AP Nr. 40 zu §§ 22, 23 BAT-O)

Diese Trennung nach Schwierigkeitsgraden erkannte das BAG nicht an:

„Unter Anwendung dieser Maßstäbe ist eine Aufteilung der der Kl. übertragenen Aufgabe der Wohngeldantragsbearbeitung in einfache und schwierige Sachverhalte nicht möglich. **Das Arbeitsergebnis der Tätigkeit der Kl. ist die Erstellung von Wohngeldbescheiden**, nicht die Erstellung von Wohngeldbescheiden in schwierigen oder in einfachen Fällen (vgl. dazu BAG 20. 3. 1996 – 4 AZR 967/94 – BAGE 82, 252, 258 = AP BAT §§ 22, 23 Sozialarbeiter Nr. 24; 20. 3. 1996 – 4 AZR 1052/94 – BAGE 82, 272, 279 = AP BAT §§ 22, 23 Sozialarbeiter Nr. 22). Mit dem LAG ist davon auszugehen, dass bereits die Unterscheidung zwischen einer einfachen und einer schwierigen Konstellation nicht ohne weitere Kriterien vorgenommen werden kann. Auch in der der Senatsentscheidung vom 5. 11. 2003 (4 AZR 689/02 – BAGE 108, 245 = AP BAT §§ 22, 23 BAT Rückgruppierung Nr. 2) zu Grunde liegenden Konstellation der Wohngeldantragsbearbeitung in zwei möglichen Arbeitsvorgängen ging es nicht um die Abgrenzung von einfachen und schwierigen Sachverhalten, sondern um „Erstanträge ohne gleich liegende Vorbilder" und solche „mit einer gleich liegenden früher bearbeiteten Fallgestaltung" (S. 254 = AP BAT §§ 22, 23 BAT Rückgruppierung Nr. 2). Eine derartige Unterscheidung hat der Bekl. jedoch nicht vorgenommen, so dass dahingestellt bleiben kann, inwieweit die Entscheidung vom 5. 11. 2003 vor dem Hintergrund der besonderen Konstellation des seinerzeit zu entscheidenden Falles überhaupt auf Wohngeldsachbearbeitung im Allgemeinen übertragen werden kann. **Das LAG hat ferner anhand des Bearbeitungsvorgangs eines Wohngeldantrags überzeugend dargelegt, dass bei jedem der dafür erforderlichen Arbeitsschritte die Änderung einer bis dahin möglicherweise zutreffenden Qualifizierung als einfach oder schwierig eintreten kann. Dieser Ungewissheit hat der Bekl. auch dadurch Rechnung getragen, dass er die Wohngeldantragsbearbeitung nicht von Vornherein so aufgeteilt hat, dass sie nach einfachen und schwierigen Vorgängen getrennt werden könnte.** Es ist zwar nicht zwingend erforderlich, dass die Verwaltungsorganisation die von ihr als trennbar angesehenen Arbeitsergebnisse auch tatsächlich trennt und gar verschiedenen Angestellten überträgt. Eine Mindestvoraussetzung ist aber die Gestaltung einer Arbeitsorganisation, die eine derartige Trennung schon bei der Zuweisung der Arbeitsaufgabe ermöglicht. **Es ist tarifwidrig, die tatsächliche Vergütung erst im Nachgang durch Auszählen der bearbeiteten Vorgänge und ihrer Zuweisung zu dem einen oder dem anderen Schwierigkeitsgrad zu ermitteln** (vgl. dazu BAG 7. 7. 2004 – 4 AZR 507/03 – BAGE 111, 216, 227 = AP BAT 1975 §§ 22, 23 Nr. 297; 18. 5. 1994 – 4 AZR 461/93 – [B II 2 b der Gründe], AP BAT 1975 §§ 22, 23 Nr. 178). Die Möglichkeit einer solchen Trennung ist bei der der Kl. übertragenen Aufgabe der Wohngeldantragsbearbeitung nicht gegeben.

Ob die im Weiteren vom LAG vorgenommene Bestimmung zweier tariflich voneinander unterscheidbarer Arbeitsvorgänge in der Bearbeitung von einerseits Erst und andererseits

6. Kapitel: Der Arbeitsvorgang

Folgeanträgen auf Bewilligung von Wohngeld tatsächlich zutreffend ist oder ob nicht auch diese beiden Tätigkeitsschritte als einheitlicher Arbeitsvorgang zu bestimmen sind, muss nicht entschieden werden. Denn auch wenn zu Gunsten des Bekl. mit dem LAG davon ausgegangen wird, dass die Bearbeitung von Erst und Folgeanträgen zwei verschiedene Arbeitsvorgänge sind, erfüllen sie die Voraussetzungen der Vergütungsgruppe Vc Fallgruppe 1b der Anlage 1a zu § 22 BATO (VKA)."

BAG Urteil vom 23. September 2009, AP Nr. 40 zu §§ 22, 23 BAT-O

Dieses Beispiel zeigt die Bedeutung des Arbeitsvorgangs bei der Feststellung der Eingruppierung.

Der Arbeitsvorgang ist die Bewertungseinheit im Sinne des § 12 Abs. 2 TVöD-VKA bzw. § 22 Abs. 2 BAT-VKA und darf auch hinsichtlich der zeitlichen Anforderungen nicht weiter aufgespalten werden.

Nach ständiger Rechtsprechung des BAG ist es demnach ausreichend, wenn die tariflichen Anforderungen innerhalb des Arbeitsvorgangs zeitlich in rechtserheblichem Umfang anfallen. Die einzelnen Tätigkeitsmerkmale müssen innerhalb des Arbeitsvorgangs zeitlich nicht zu 100% erfüllt sein (siehe z.B. BAG Urteil vom 21. März 2012, AP Nr. 317 zu §§ 22, 23 BAT 1975; ZTR 2012, S. 440 ff.):

„Zum Erfüllen der tariflichen Anforderungen ist es ausreichend, wenn selbständige Leistungen innerhalb des Arbeitsvorgangs in rechtlich erheblichem Ausmaß vorliegen. Nicht erforderlich ist es, dass innerhalb eines Arbeitsvorgangs selbständige Leistungen ihrerseits in dem von § 22 Abs. 2 Unterabs. 2 und Unterabs. 4 BAT bestimmten Maß anfallen (ständige Rechtsprechung, vgl. BAG 22. 4. 2009 – 4 AZR 166/08 – Rn. 27 mwN, AP BAT §§ 22, 23 Nr. 311; 18. 5. 1994 – 4 AZR 461/93 – [B II 4 c der Gründe], AP BAT 1975 §§ 22, 23 Nr. 178). Dabei kann es dahinstehen, ob und ggf. wo genau eine quantitative Grenze für den unbestimmten Rechtsbegriff des rechtserheblichen Ausmaßes zu ziehen wäre. Eine Bestimmung eines Prozentsatzes, bei dessen Vorliegen das fragliche Tarifmerkmal in rechtserheblichem Ausmaße vorliegt, erscheint dem Senat nach wie vor (vgl. BAG 22. 3. 1995 – 4 AZN 1105/94 – [II der Gründe] mwN, AP BAT 1975 §§ 22, 23 Nr. 193) nicht geboten. Jedenfalls sind selbständige Leistungen dann in rechtserheblichem Ausmaß erforderlich, wenn ohne sie ein sinnvoll verwertbares Arbeitsergebnis nicht erzielt werden könnte (BAG 20. 10. 1993 – 4 AZR – [III 3 b bb der Gründe], AP BAT 1975 §§ 22, 23 Nr. 172). Dabei kann das Erfüllen dieser Voraussetzung nicht davon abhängen, ob nach dem Ende der Arbeitseinheit festgestellt wird, dass bei dem Erzielen des Arbeitsergebnisses die höchste qualitative Anforderung in einem bestimmten zeitlichen Ausmaß auch tatsächlich abgerufen wurde. Entscheidend ist, dass zu Beginn der Tätigkeit die Fähigkeit, dieser qualitativen Anforderung gerecht zu werden, allgemein bereitgehalten werden muss, weil sie nach der arbeitsvertraglichen Aufgabenstellung jederzeit, wenn auch in einem nicht vorsehbaren Umfang, eingesetzt werden muss. Dieser qualitativ bestimmte Maßstab folgt insbesondere daraus, dass die Tarifvertragsparteien des BAT den Arbeitsvorgang zur grundlegenden und universalen Bezugsgröße für die Eingruppierung gemacht haben. Hätten die Tarifvertragsparteien die Arbeitszeit zum Bezugspunkt von Qualifikationsmerkmalen machen wollen, so hätten

6. Kapitel: Der Arbeitsvorgang

sie das – beispielsweise – in § 22 Abs. 2 Unterabs. 2 BAT – zum Ausdruck bringen müssen (näher BAG 20. 10. 1993 – 4 AZR 45/93 – AP BAT 1975 §§ 22, 23 Nr. 172; 22. 3. 1995 – 4 AZN 1105/94 – AP BAT 1975 §§ 22, 23 Nr. 193)."

Das hatte beim Beispiel der Wohngeldsachbearbeitung zur Folge, dass für beide vom BAG gebildeten Arbeitsvorgänge Erstanträge mit insgesamt 19% Zeitanteil und Folgeanträge mit insgesamt 46% Zeitanteil selbständige Leistungen anerkannt wurden, was bei Addition der Zeitanteile beider Arbeitsvorgänge zur Eingruppierung nach VG Vc FG 1b des Allg. Teils des BAT-VKA führte. Beide Arbeitsvorgänge erfüllten die Tätigkeitsmerkmale der VG Vc FG 1b des Allg. Teils des BAT-VKA: gründliche und vielseitige Fachkenntnisse zu 50% und selbständige Leistungen zu 50% Anteil an der Gesamtarbeitszeit.

(vgl. BAG Urteil vom 23. September 2009, AP Nr. 40 zu §§ 22, 23 BAT-O)

▶ **Hinweis:**

In der neuen Entgeltordnung sind diese Tätigkeitsmerkmale in der neuen Entgeltgruppe 9a zu finden.

(Richter/Gamisch, Grundlagen, S. 15 ff.; Richter/Gamisch, RiA 2008, S. 145 ff.; Bauer/Bockholt, Die Eingruppierung im öffentlichen Dienst, Köln 2010, Rdnr. 85 ff.)

6.3 Die Bildung von Arbeitsvorgängen

Die Bildung eines Arbeitsvorgangs richtet sich nach dem zu erbringenden Arbeitsergebnis (ständige Rechtsprechung des BAG, z. B. BAG Urteil vom 06. Juni 2007, AP Nr. 308 zu §§ 22, 23 BAT 1975). Das gilt in Zukunft auch für Tätigkeiten im ehemaligen Arbeiterbereich.

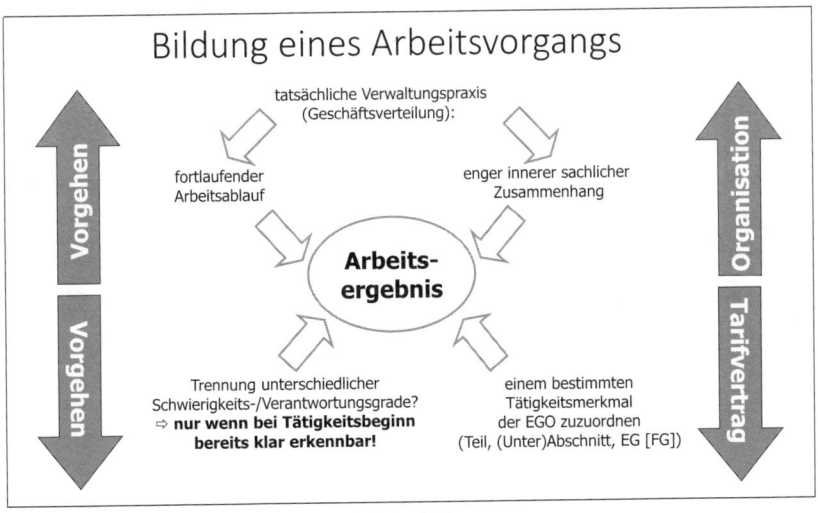

Bildung eines Arbeitsvorgangs

tatsächliche Verwaltungspraxis (Geschäftsverteilung):
- fortlaufender Arbeitsablauf
- enger innerer sachlicher Zusammenhang
- Trennung unterschiedlicher Schwierigkeits-/Verantwortungsgrade? ⇨ **nur wenn bei Tätigkeitsbeginn bereits klar erkennbar!**
- einem bestimmten Tätigkeitsmerkmal der EGO zuzuordnen (Teil, (Unter)Abschnitt, EG [FG])

→ **Arbeitsergebnis**

(Vorgehen / Organisation / Tarifvertrag)

(Quelle: IPW – Institut für PersonalWirtschaft GmbH)

6. Kapitel: Der Arbeitsvorgang

27. These: Entscheidend für die Bildung von Arbeitsvorgängen ist die Verwaltungspraxis und damit die tatsächliche Arbeitsorganisation.

Was Arbeitsergebnis sein soll, bestimmt sich zunächst nach der Organisationsentscheidung des Arbeitgebers. Dieser weist im Rahmen der Stellenbildung und -besetzung der Stelle/dem Beschäftigten einen bestimmten Aufgabenkreis zu. Diesen Organisationsakt umschreibt die Rechtsprechung regelmäßig mit den Begriffen Verwaltungsübung, Geschäftsverteilung, Behördenanschauung bzw. behördliche Übung. Unter Verwaltungsübung ist dabei die Arbeitsorganisation im Einsatzbereich und die Aufgabenverteilung zwischen der zu bewertenden Stelle und den sonstigen Stellen im Einsatzbereich zu verstehen (vgl. BAG Urteil vom 24. Oktober 1984, AP Nr. 97 zu §§ 22, 23 BAT 1975). Der Begriff wird damit regelmäßig synonym zu dem der Geschäftsverteilung, Behördenanschauung bzw. behördlichen Übung verwendet (vgl. z. B. BAG Urteil vom 13. Dezember 1978, AP Nr. 12 zu §§ 22, 23 BAT 1975).

28. These: Dabei ist zu prüfen ist, ob ein fortlaufender Arbeitsablauf oder ein enger innerer Zusammenhang vorliegt.

▶ Hinweis:

> Für die Feststellung des Arbeitsvorgangs/des Arbeitsergebnisses gilt es also zunächst den organisatorischen Rahmen und die Zuständigkeitsverteilung für die übertragenen Tätigkeiten insgesamt zu prüfen.

Danach bestehen grundsätzlich zwei Möglichkeiten zur Bildung eines Arbeitsvorgangs:
1. Eine Aufgabe mit fortlaufendem Arbeitsablauf, bei dem der Arbeits"gegenstand" (Unterhalts-Akten, Bauanträge für Wohngebäude, Bauwerk) vom Beschäftigten durchgängig, also ohne inhaltliche Unterbrechung, zu bearbeiten ist oder
2. Einzelaufgaben, die einen starken inneren sachlichen Zusammenhang/Bezug aufweisen, ohne das ein ununterbrochener Arbeitsablauf wie unter 1. gegeben ist.

Bei der Feststellung des Arbeitsvorgangs kommt es ausschließlich auf die tatsächliche Aufgabenverteilung an. Es ist unerheblich, dass es organisatorisch möglich wäre, bestimmte Aufgaben auf andere Beschäftigte zu übertragen. Denn gerade die Bündelung von Aufgaben mit einem engen inneren Sachzusammenhang auf einer Stelle/einen Beschäftigten ermöglichen ein schnittstellenfreies Arbeiten (vgl. BAG Urteil vom 14. März 2001, Az.: 4 AZR 172/00, zit. nach Hofmann/Reidelbach, A 320).

Diese Feststellung hängt wesentlich davon ab, ob einer Stelle und damit einem Beschäftigten eine Aufgabe nur teilweise oder in Allein-Zuständigkeit übertragen wird. Im letzteren Fall liegt regelmäßig ein Arbeitsvorgang vor (vgl. z. B. BAG Urteil vom 14. März 2001, Az.: 4 AZR 172/00, ZTR 2001, S. 71 ff.).

6. Kapitel: Der Arbeitsvorgang

▶ Hinweis:

Die Rechtsprechung prägte in diesem Zusammenhang den Begriff „Funktionscharakter". Funktionscharakter bedeutet, dass aufgrund der Alleinzuständigkeit des Beschäftigten für ein bestimmtes Arbeitsziel – z. B. Betreuung von Personen bzw. Personengruppen bei einem Sozialarbeiter (vgl. BAG Urteil vom 9. Dezember 1970, AP Nr. 35 zu §§ 22, 23 BAT Sozialarbeiter m. w. N.) – alle mit diesem konkreten Arbeitsziel verbundenen Einzeltätigkeiten zu einem Arbeitsvorgang zusammengefasst werden können.

Beispiel:

Ein solcher enger innerer Sachzusammenhang ist gegeben, wenn einem technischen Angestellten alle erforderlichen Überwachungs- und Kontrolltätigkeiten für ein Baulos (Autobahnabschnitt) übertragen wurden. Von einem einheitlichen Arbeitsvorgang ist in diesen Fällen auszugehen, da sich alle Einzelaufgaben unter einem einheitlichen Arbeitsergebnis zusammenfassen lassen, nämlich der sach- und vertragsgerechten Fertigstellung des vom Beschäftigten zu betreuenden Autobahnabschnitts. Alle dazu erforderlichen Überwachungs- und Kontrollaufgaben sind gem. Geschäftsverteilungsplan dem Beschäftigten übertragen worden. (vgl. BAG Urteil vom 24. Oktober 1984, AP Nr. 97 zu §§ 22, 23 BAT 1975 m. w. N.)

Aus tarifrechtlicher Sicht muss die so gebildete Arbeits- und Bewertungseinheit zusätzlich einem bestimmten Tätigkeitsmerkmal und damit einer bestimmten Entgelt- bzw. Fallgruppe zuzuordnen sein, also einen nach den tariflichen Regelungen vorbestimmten gleichen Schwierigkeits- bzw. Verantwortungsgrad aufweisen. Erst dann liegt im Sinne der Rechtsprechung eine selbständig bewertbare Arbeitseinheit (= Arbeitsvorgang) vor.

Dabei gilt es zu beachten, dass das BAG sich nicht der einzelfallbezogenen Sichtweise der Tarifvertragsparteien gem. Klammersatz zu Protokollerklärung Nr. 1 zu § 22 BAT-VKA angeschlossen hat. So hat das BAG vielmehr in Bezug auf die beispielhaft genannten Arbeitsvorgänge entschieden:

Zu: „unterschriftsreife Bearbeitung eines Aktenvorgangs",
Als aktuelles Beispiel aus der Rechtsprechung des BAG kann der Sachbearbeiter „Heranziehung Unterhaltspflichtiger" angeführt werden (vgl. BAG Urteil vom 12. Mai 2004, AP Nr. 301 zu §§ 22, 23 BAT 1975). Hier ging das BAG nicht von einem Arbeitsvorgang je Unterhaltsfall aus, sondern fasste alle Fälle der materiell-rechtlichen Prüfung der Voraussetzungen eines sog. Rückerstattungsanspruchs (210 bis 220 Fälle p. a.) zu einem Arbeitsvorgang zusammen. Davon als eigener Arbeitsvorgang abgetrennt wurde lediglich die gerichtliche Durchsetzung dieser Ansprüche (2 bis 3 Fälle p. a.).

Zu „Konstruktion einer Brücke oder eines Brückenteils",
Hier fasste das BAG alle Tätigkeiten der Bauoberleitung Brückenbauprojekte, nicht des einzelnen Brückenbauprojekts, zu einem Arbeitsvorgang zusammen (vgl. BAG Urteil vom 21. Juni 2000, Az.: 4 AZR 389/99, zit. nach Bauer/Bockholt, Rdnr. 678).

6. Kapitel: Der Arbeitsvorgang

Aus diesem Vergleich wird ein für die Praxis wichtiger Grundsatz deutlich:

> „Der Begriff des ›Arbeitsvorgangs‹ ist ein feststehender, abstrakter, von den Tarifvertragsparteien vorgegebener Rechtsbegriff. Die Anwendung eines derart bestimmten Rechtsbegriffs durch die Tatsachengerichte ist in vollem Umfang durch das Revisionsgericht nachprüfbar ... Die Parteien können daher auch nicht unstreitig stellen, dass bestimmte Tätigkeiten einen Arbeitsvorgang im Rechtssinne bilden.... . Die Bestimmung des Arbeitsvorgangs ist als Rechtsanwendung Sache der Gerichte ..."

(ständige Rechtsprechung des BAG z. B. Urteil vom 21. Juli 2002, AP Nr. 291 zu §§ 22, 23 BAT 1975).

Dieser Grundsatz führt regelmäßig dazu, dass – entgegen dem in der Literatur geäußerten Willen zu einer einzelfallbezogenen Bildung und Bewertung von Arbeitsleistungen des Beschäftigten (siehe z. b. Breier/Dassau/Faber, C 1.1, Rdnr. 76 ff., 82) – das BAG im Sinne der betriebswirtschaftlichen Grundlagen der Arbeitsbewertung vorgeht und Arbeitsvorgänge nicht nach den zu bearbeitenden Einzelfällen, sondern nur nach ihren unterschiedlichen tariflichen Schwierigkeits- bzw. Verantwortungsgraden bildet (zu den betriebswirtschaftlichen Grundsätzen der Arbeitsbewertung s. Kapitel 5.1)

(Richter/Gamisch, Grundlagen, S. 15 ff.; Richter/Gamisch, RiA 2008, S. 145 ff.; Bauer/Bockholt, Die Eingruppierung im öffentlichen Dienst, Köln 2010, Rdnr. 85 ff.)

6.4 Der Arbeitsvorgang in der Rechtsprechung des BAG – Übersicht

▶ Hinweis:

Aufbauend auf den obigen Grundsätzen der Rechtsprechung zur Bildung von Arbeitsvorgängen lassen sich drei Kategorien für das Vorliegen eines Arbeitsvorgangs ableiten:
1. Leitungsaufgaben
2. Aufgaben, die einer Beispieltätigkeit der Entgeltordnung entsprechen (Funktionsmerkmale)
3. Aufgaben mit Funktionscharakter

6.4.1 Leitungsaufgaben

29. These: Leitungsaufgaben bilden grundsätzlich einen Arbeitsvorgang.

Leitungsaufgaben führen nach ständiger Rechtsprechung des BAG zu einem einheitlichen Arbeitsergebnis: der sachgerechten Leitung des übertragenen Zuständigkeitsbereichs. Dabei können alle Tätigkeiten zusammengefasst werden, die diesem einheitlichen Arbeitsergebnis dienen. Das gilt auch, wenn dem Beschäftigten eigene ausführende, sachbearbeitende Aufgaben seines Zuständigkeitsbereichs übertragen werden (vgl. ständige Rechtsprechung des BAG, z. B. BAG Urteil vom 20. Juni 1990, AP Nr. 150 zu §§ 22, 23 BAT 1975 m. w. N.).

6. Kapitel: Der Arbeitsvorgang

Etwas Anderes gilt, wenn dem Beschäftigten unterschiedliche Zuständigkeitsbereiche übertragen werden:

Beispiele:
- Leitung eines Zentrums für pädagogische Berufspraxis und Leitung einer zentralen Studienberatungsstelle (vgl. BAG Urteil vom 12. Februar 1992, Az.: 4 AZR 310/91)
- Stellvertretende Leitung einer VHS und Fachbereichsleitung in der VHS (LAG Hamm Urteil vom 20. Dezember 2002, Az.: 12 Sa 449/02, EzBAT §§ 22, 23 BAT: 1 Allg. Verwaltungsdienst VergGr. IIa Nr. 12)

In diesen Fällen liegen jeweils zwei getrennte Arbeitsvorgänge vor.

6.4.2 Funktionsmerkmale

30. These: Funktionsmerkmale bilden grundsätzlich einen Arbeitsvorgang.

Bestimmte Arbeitsbereiche werden im Rahmen der Entgeltordnung, wie schon in der Vergütungsordnung des BAT, als eigenes Tätigkeitsmerkmal definiert, z. B.:
- Altenpfleger
- Arzt
- Kassenleiter
- Kassierer
- Krankenpfleger
- Lagerverwalter
- Unterrichtsschwester

Die Rechtsprechung des BAG spricht von sog. Funktionsmerkmalen (vgl. BAG Urteil vom 7. Dezember 1983, AP Nr. 82; BAG Urteil vom 7. Dezember 1983, AP Nr. 83; BAG Urteil vom 15. Februar 1984, AP Nr. 86; BAG Urteil vom 27. November 1985, AP Nr. 111; BAG Urteil vom 14. Mai 1986, AP Nr. 119; BAG Urteil vom 26. Oktober 1994, AP Nr. 187; BAG Urteil vom 26. Juli 1995, AP Nr. 203; BAG Urteil vom 18. Juni 1997, AP Nr. 228; BAG Urteil vom 24. Juni 1998, AP Nr. 243; BAG Urteil vom 8. September 1999, AP Nr. 270; BAG Urteil vom 29. November 2001, AP Nr. 288 alle zu §§ 22, 23 BAT 1975).

Mit diesen schreiben die Tarifvertragsparteien zugleich zwingend vor, dass alle zu dieser Funktion gehörenden Einzeltätigkeiten zu einem Arbeitsvorgang zusammenzufassen und einheitlich zu bewerten sind. Etwas anderes gilt nur, wenn besonders qualifizierte Einzeltätigkeiten der Funktion einer anderen Vergütungsgruppe zugeordnet sind (vgl. BAG Urteil vom 25. März 1981, AP Nr. 43 zu §§ 22, 23 BAT 1975).

6.4.3 Aufgaben mit Funktionscharakter

Ein Arbeitsvorgang liegt auch vor bei Arbeitsbereichen, die zwar nicht ausdrücklich als eigenes Funktionsmerkmal in den Tarifvertrag übernommen wurden, deren Aufgabenstellung aber mit denen der sog. Funktionsmerkmale vergleichbar ist.

6. Kapitel: Der Arbeitsvorgang

▶ Hinweis:

Als typische Beispiele können hier die Arbeitsgebiete des Sozialarbeiters/-pädagogen (Dipl.-FH/Bachelor) genannt werden, die auf die problemzentrierte Beratung und Begleitung von Personen oder Personengruppen ausgerichtet sind (vgl. BAG Urteil vom 25. Oktober 1978, AP Nr. 10; BAG Urteil vom 13. Dezember 1978, AP Nr. 12; BAG Urteil vom 10. Juni 1981, AP Nr. 46; BAG Urteil vom 22. März 1995, AP Nr. 194; BAG Urteil vom 14. Juni 1995, AP Nr. 202 - alle zu §§ 22, 23 BAT 1975).

(Richter/Gamisch, Grundlagen, S. 15 ff.; Richter/Gamisch, RiA 2008, S. 145 ff.; Bauer/Bockholt, Die Eingruppierung im öffentlichen Dienst, Köln 2010, Rdnr. 85 ff.)

6.5 Der Arbeitsvorgang in der Rechtsprechung des BAG – Beispiele

31. These: Bei der Bildung von Arbeitsvorgängen muss die (jüngere) Rechtsprechung der Arbeitsgerichte beachtet werden. Beispiele sind die Entscheidungen zum...
   ...Fluggastkontrolleur
   ...Angestellter Servicegruppe Innenstadt

Die folgenden Fälle wollen wir im Hinblick auf diese Fragestellungen zur Bildung von Arbeitsvorgängen näher beleuchten:
a. Verwaltungspraxis und übertragenes Arbeitsgebiet
b. Fortlaufender Arbeitsablauf oder enger innerer Sachzusammenhang?

6.5.1 Fluggastkontrolleur

Das BAG hatte zu entscheiden (BAG Urteil vom 31. Juli 2002, AP Nr. 291 zu §§ 22, 23 BAT 1975), ob ein Arbeitsvorgang „Fluggastkontrolle" vorliegt.

a. Verwaltungspraxis und übertragenes Arbeitsgebiet

Der Fluggastkontrolleur ist – eingebunden in einem arbeitsteiligen Team – je nach Dienstplan jeweils zuständig für:

Lfd. Nr.	Beschreibung	Zeitanteil
1.	Die Kontrolle von Personen mittels Handsonde oder Abtasten der Bekleidung des Körpers	36,5 %
	– Identifizierung/Klassifizierung aller am Körper befindlicher Gegenstände	
	– Bewertung aufgefundener Gegenstände als gefährlich/ungefährlich	
	– Trennung gefährlicher Gegenstände vom Passagier	
	– Zuführung nicht abschließend bewertbarer Gegenstände zu weiteren Kontrollverfahren	
	– Vermeidung des Zugriffs des Passagiers aufgefundenen Waffen und Sprengmitteln durch körperlichen Einsatz	

6. Kapitel: Der Arbeitsvorgang

Lfd. Nr.	Beschreibung	Zeitanteil
oder		
2.	Kontrolle von Hand-/Reisegepäck, Frachtgut, Fundsachen sowie herrenlosen Gegenständen und Gepäckstücken mittels Röntgengerät; Untersuchung technischer Geräte einschl. Funktionsprüfung	24,5 %
	– Identifizierung/Klassifizierung von Inhaltsteilen/üblicher Reisegebrauchsgegenstände anhand ihrer abgebildeten inneren Struktur durch Vergleich mit Erfahrungswerten	
	– Bewerten der aufgefundenen Gegenstände/Strukturen als gefährlich/ungefährlich	
	– Zuführung nicht abschließend bewertbarer Gepäckstücke zu weiteren Kontrollverfahren	
	– Strukturanalyse technischer Geräte (Bewertung technischer Geräte oder Behältnisse hinsichtlich des Einbaus von Bauelementen, welche in Spreng- und Brandvorrichtungen verwandt werden)	
	– Inhaltskontrolle verschlossener Behältnisse oder schwer zugänglicher Holräume mittels GPA	
	– Gewichtsvergleich von technischen Geräten und Lehrgepäckstücken	
	– Manuelle Datenerfassung von Vergleichsgewichten	
	– Funktionsproben hoch integrierter elektronischer Geräte (z. B. Laptop, Camcorder, Funktelefon)	
oder		
3.	Manuelle Nachkontrolle von Hand- und Reisegepäck entsprechend den vorgegebenen Quoten des Rahmensplans Luftsicherheit	31 %
oder		
4.	Untersuchung technischer Geräte, verdächtiger Substanzen und Gepäckstücke mittels Sprengstoffspürgerät (EGIS-Gerät)	4 %
	– Probenentnahme und Durchführung der Analyse am Sprengstoffspürgerät EGIS	
	– Bewertung der Kontrollergebnisse hinsichtlich des Vorliegens von Sprengstoff durch Vergleich mit Erfahrungswerten und mit Vergleichsdiagrammen	
	– Durchführung der täglichen technischen Wartung des Analysegerätes	
	– Durchführung von Einstellungen/Eichungen am Analysegerät	
oder		
5.	Untersuchung von Frachtgut	4 %

6. Kapitel: Der Arbeitsvorgang

b. Fortlaufender Arbeitsablauf oder enger innerer Sachzusammenhang?

Bezogen auf den einzelnen Fluggastkontrolleur liegt bei den o. g. Aufgaben 1. bis 5. kein fortlaufender ununterbrochener Arbeitsablauf vor. Der Kontrolleur wird jeweils nur an einem Prüfpunkt eingeteilt und führt beim einzelnen Passagier – jeweils immer nur die Personenkontrolle (1.) oder die Kontrolle des Hand-/Reisegepäcks ... (2.), etc. durch.

Auch besteht für den einzelnen Fluggastkontrolleur im Rahmen der Aufgabenerledigung kein enger innerer Zusammenhang. Vielmehr führt jeder Kontrollschritt der Fluggastkontrolle zu einem weiter verwertbaren Zwischenergebnis, welches ein anderer Kollege aufnimmt und die jeweils weiteren Prüffolgen absolviert.

Entscheidung des BAG

Die oben beschriebenen fünf Kontrollpunkte bilden mit den dabei zu erledigenden Einzeltätigkeiten jeweils eigene Arbeitsvorgänge im Sinne des BAT. Arbeitsergebnis ist jeweils die Feststellung, ob von dem Prüfobjekt (Person, Handgepäck, technische Geräte, Frachtgut) eine Gefahr ausgeht und ob ggf. ein Polizeibeamter hinzugezogen werden muss. Aufgrund des jeweils unterschiedlichen Arbeitsergebnisses sind auch unterschiedliche Arbeitsschritte zur Erreichung des jeweils geforderten Arbeitsergebnisses erforderlich.

6.5.2 Angestellter Servicegruppe Innenstadt

Das BAG hatte zu entscheiden (BAG Urteil vom 7. Juli 2004, AP Nr. 297 zu §§ 22, 23 BAT 1975) welche Aufgaben des Angestellten zu einem Arbeitsvorgang zusammengefasst werden können.

a. Verwaltungspraxis und übertragenes Arbeitsgebiet

Der Beschäftigte arbeitet innerhalb des Ordnungsamtes der Stadt in der sog. Servicegruppe Innenstadt. Aufgabe der Servicegruppe ist es, im Bereich der Innenstadt die Einhaltung der gesetzlichen Ge- und Verbote sicherzustellen. Die Mitarbeiter der Gruppe haben einzuschreiten, wenn insbesondere Straßenhändler, Bettler, Obdachlose, Drogenabhängige, Punks, Alkoholiker, Umweltverschmutzer, Straßenmusikanten, Betreiber von Informations- und Verkaufsständen gegen Vorschriften auf dem Gebiet der öffentlichen Sicherheit und Ordnung verstoßen. Ziel der Servicegruppe Innenstadt ist es, den Bürgern und Besuchern der Stadt das Gefühl zu geben, sich in einer sicheren und sauberen Stadt zu bewegen. Darüber hinaus soll schonend eingegriffen, Konfrontationen und Gewalt vermieden werden. Dieses Ziel sollen die Beschäftigten des Teams im Rahmen ihrer Streifengänge umsetzen.

Der Arbeitgeber bildet aufbauend auf diesem Stellenziel diese Arbeitsvorgänge (AV):

6. Kapitel: Der Arbeitsvorgang

Lfd. Nr. AV	Beschreibung	Zeitanteil
1.	Tätigkeit in der Servicegruppe mit Maßnahmen bei folgenden Verstößen: a. Verbot des Drogen- und Alkoholkonsums (Trinkgelage) b. Verbot des aggressiven Bettelns und der Straßenlagerei c. Verbot von Glücksspielen d. Maßnahmen bei Hilfsbedürftigen e. Maßnahmen bei Obdachlosen u. sonstigen sozialen Randgruppen	20%
2.	Tätigkeit in der Servicegruppe mit Maßnahmen bei folgenden Verstößen: a. Beschallung des öffentlichen Verkehrsraums durch Lautsprecheranlagen b. Überwachung der Auflagen sowie Einleitung von Maßnahmen bei Verstößen gegen die Festlegungen der Erlaubnisverfügungen von genehmigten Veranstaltungen im Innenstadtbereich c. Verbot der Tierquälerei d. Verstoß gegen die Gefahrtier-Verordnung vom 5. 7. 2000 (u. a. Bestimmung der Rasse, Maßnahmenanordnung gegen aggressive und gefährliche Hunde, Durchsetzung des Maulkorb- und Leinenzwangs, Überprüfung von Ausnahmegenehmigungen und des Hunde-Führerscheines, Feststellung, ob es sich bei der Person, die den Hund führt, um die nach der VO berechtigte Person mit der entsprechenden Sachkunde handelt) e. Verstoß gegen das Verkaufsverbot von echtem Gold- u. Silberschmuck	30%
3.	Tätigkeit in der Servicegruppe mit Maßnahmen bei folgenden Verstößen: a. Verunreinigung von Straßen, Grünanlagen, Kinderspielplätzen usw. mit Spritzen u. sonst. Utensilien durch Drogenabhängige b. Verstoß gegen die Anleinpflicht für Hunde c. Verstoß gegen das Verbot des Taubenfütterns d. Nichtbeseitigung von Hundekot oder sonstigen Verunreinigungen e. Verstoß gegen das Verbot der Autowäsche im öffentlichen Straßenraum f. Verunreinigungen durch Kraftfahrzeuge g. Verstoß gegen das Parkverbot in Grünanlagen h. Nichtbeachtung des Radfahrverbotes in Fußgängerzonen i. Nichtbeachtung des Verbotes des Rollschuhlaufens und Skateboardfahrens in den ausgewiesenen Bereichen j. Nichtgenehmigter Verkauf von CD's und MC's durch Straßenmusikanten k. Sachbeschädigungen, Beschmieren, Bemalen, wildes Plakatieren	17%

6. Kapitel: Der Arbeitsvorgang

Lfd. Nr. AV	Beschreibung	Zeitanteil
4.	Tätigkeit in der Servicegruppe ohne Feststellung von Verstößen	10%
5.	Einbindung in die Arbeit der Anlaufstelle und Wahrnehmung der dort anfallenden Tätigkeiten (u. a. Tätigkeit als Springer, Vertretung des Stammpersonals, soweit diese an Dienstbesprechungen, Sitzungen etc. teilnehmen müssen).	20%
6.	sonstige Tätigkeiten, die in keinem Zusammenhang zu den o. g. AV stehen (regelmäßige Dienstbesprechungen, Umläufe lesen, neue Mitarbeiter einweisen usw.)	3 %

b. Fortlaufender Arbeitsablauf oder enger innerer Sachzusammenhang?

Die Arbeitsausführung gestaltet sich aus organisatorischer Sicht so: Der Beschäftigte geht den zugewiesenen Innenstadtbereich ab und beobachtet das Geschehen auf Situationen, die ein Einschreiten gem. den vom Arbeitgeber unter den „Arbeitsvorgängen 1. bis 3. beschriebenen Verstößen" erfordern.

Entscheidung des BAG

Die auszuübende Tätigkeit als Mitarbeiter in der Servicegruppe Innenstadt hat Funktionscharakter. Die gesamte Streifentätigkeit dient einem einheitlichen Arbeitsergebnis: Durchsetzung der in der Stadt bestehenden ordnungsrechtlichen Normen im Innenstadtbereich.

Die Unterscheidung des Arbeitgebers zwischen ereignislosen und weniger und mehr ereignisreichen Streifengängen und den daraus gebildeten Arbeitsvorgängen, deren Arbeitsergebnis wohl die Feststellung jeder einzelnen Ordnungswidrigkeit und der Ergreifung einer Maßnahme sein soll, erscheint aus zwei Gründen nicht sachgerecht:
1. Es erfolgt eine künstliche „Atomisierung" menschlicher Tätigkeit.
2. Streifengänge ohne Feststellung von Ordnungswidrigkeiten und/oder Ergreifung von Maßnahmen blieben tarifrechtlich unberücksichtigt.

▶ Hinweis:

Mit dem geforderten Arbeitsergebnis der Streifentätigkeit ist aber die Unmöglichkeit verbunden, am Beginn des Streifengangs die einzelnen Eingriffe nach ihrer tariflichen Wertigkeit unterscheiden zu können.

Das unterscheidet den übertragenen Aufgabenbereich auch wesentlich von einem Innendienstmitarbeiter, der entsprechende Fälle am Schreibtisch bearbeitet. Bei diesem können die einzelnen aktenkundigen Vorgänge nach ihrer tariflichen Wertigkeit unterschieden werden, etwa dadurch, dass dem Angestellten A. nur Akten aus dem Bereich der Ziffer 1 der Aufstellung, dem Angestellten B. nur Vorgänge aus dem Bereich der Ziffer 2 usw. zur Bearbeitung übergeben werden. Dem Außendienstmitarbeiter in der Servicegruppe Innenstadt ist – im hier behandelten Zusammenhang – ein Sicherheitsmeister der Verteidigungsverwaltung vergleichbar, dessen „Begehungen" zu einem einheitlichen

6. Kapitel: Der Arbeitsvorgang

Arbeitsergebnis führen, das in der Durchführung der Sichtkontrolle zum Zwecke der Einhaltung der Betriebsschutz- bzw. Sicherheitsvorschriften und der Veranlassung der Beseitigung aufgetretener Mängel und Beanstandungen besteht.

6.6 Ausblick: Bildung von Arbeitsvorgängen im Arbeiterbereich

6.6.1 Vorüberlegungen

Auf Basis der objekt-/einzelfallbezogenen Auffassung der Tarifvertragsparteien zum Arbeitsvorgang gem. dem geänderten Klammersatz in Protokollerklärung zu § 12 Abs. 2 TVöD-VKA: „Durchführung einer Unterhaltungs- oder Instandsetzungsarbeit" auf der einen Seite und der regelmäßigen Zusammenfassung dieser bei gleichem bzw. vergleichbarem Schwierigkeits- bzw. Verantwortungsgrad durch das BAG, lassen sich zwei wichtige Eckpunkte für die Bildung von Arbeitsvorgängen im ehemaligen Arbeiterbereich ableiten:

1. Das zu erbringende Arbeitsergebnis wird sich wesentlich nach den zu betreuenden technischen Anlagen richten.
2. Dabei können alle Einzeltätigkeiten zu einem Arbeitsvorgang zusammengefasst werden, die im Sinne des allgemeinen Sprachgebrauchs einen ununterbrochenen Arbeitsablauf bilden oder einen engen inneren Sachzusammenhang aufweisen.

Zur weiteren Auslegung kann die bereits seit 2005 in Kraft gesetzte neue Entgeltgruppe 1 – gerade für ehemalige Arbeitertätigkeiten – einen ersten Einblick geben. (Richter/Gamisch, Grundlagen, S. 57 ff.; Richter/Gamisch, AuA 2009, S. 360 ff.)

6.6.2 Die neue Entgeltgruppe 1

32. These: Schon jetzt kann in die neue Entgeltgruppe 1 eingruppiert werden. Die ersten Entscheidungen der Rechtsprechung liegen vor.

Die neue Entgeltgruppe 1 hat gem. Änderungstarifvertrag der Tarifvertragsparteien vom 29. April 2016 zum TVöD-VK folgenden Wortlaut:

> „Beschäftigte mit einfachsten Tätigkeiten, zum Beispiel:
> - Essens- und Getränkeausgeber/innen
> - Garderobenpersonal
> - Spülen und Gemüseputzen und sonstige Tätigkeiten im Haus- und Küchenbereich
> - Reiniger/innen in Außenbereichen wie Höfe, Wege, Grünanlagen, Parks
> - Wärter/innen von Bedürfnisanstalten
> - Servierer/innen
> - Hausarbeiter/innen
> - Hausgehilfe/Hausgehilfin
> - Bote/Botin (ohne Aufsichtsfunktion) …"

Die Regelungen entsprechen damit denen der bis zum 31.12.2016 gültigen Anlage 3 TVÜ-VKA.

6. Kapitel: Der Arbeitsvorgang

Die benannten Beispieltätigkeiten (Funktionsmerkmale) orientieren sich an typischen Berufs- bzw. Tätigkeitsbildern, wie sie bereits die Lohngruppenverzeichnisse aufwiesen.

Mit dieser Entgeltgruppe 1 stellt der TVöD-VKA die Rechtsgrundlage für eine sog. Leichtlohngruppe zur Verfügung. Sie soll Outsourcing (Fremdvergabe) verhindern und Insourcing (Wiederaufnehmen einer Leistung) ermöglichen.

Dementsprechend umfasst Entgeltgruppe 1 Tätigkeiten, die keinerlei Vor- oder Ausbildung erfordern, sondern vielmehr nach einer sehr kurzen Einweisung/Anlernphase (max. 2 Tage) erledigt werden können. Diese Einweisung/Anlernphase dient der Erlangung von Arbeitsroutine. Sie ist hingegen nicht erforderlich, damit der Arbeitnehmer bestimmte Arbeitsabläufe als solche erst erlernen und beherrschen muss.

▶ Hinweis:

Es handelt sich also um Tätigkeiten, die in ihrer Einfachheit nicht zu überbieten sind und für die dementsprechend:
- eine klare/konkrete Aufgabenzuweisung besteht
- mit feststehenden und vorgegebenen Tätigkeitsabläufen und
- gleichförmigen/gleichartigen/mechanischen Arbeiten (vgl. VG X BAT), die nur geringster Überlegung bedürfen,
- ohne eigenes Entscheidungsrecht zur Art und Weise der Ausführung und
- ohne Erfordernis der Abstimmung der eigenen Arbeiten mit Anderen.

(vgl. BAG Urteil vom 20. Mai 2009, Az.: 4 AZR 315/08).

Beispiel:

So sind Reinigungstätigkeiten der Entgeltgruppe 1 zuzuordnen, wenn der Arbeitgeber den ganz konkreten Arbeitsablauf, den Arbeitsinhalt und die Arbeitsmittel eindeutig bestimmt. Die Vorgaben des Arbeitgebers müssen also dergestalt sein, dass die zu beachtenden Reinigungsanweisungen im Sinne konkreter Handlungsanweisungen regeln:
- welche Bereiche genau zu reinigen sind (z. B. Fußböden, Oberflächen, Nassbereich, WC)
- welche Reinigungsmittel in welcher Dosierung zum Einsatz kommen und dass die sachgerechte Dosierung über Dosieranlagen und nicht durch die Reinigungskraft erfolgt
- welche Reinigungsgeräte (z. B. welcher Eimer, welche Lappen) zu verwenden sind und
- in welcher Art und Weise die Reinigung für jeden der o. g. Bereiche konkret zu erfolgen hat (z. B. nass- und/oder trocken nachwischen)

(vgl. BAG Urteil vom 20. Mai 2009, Az.: 4 AZR 315/08).

Eine Eingruppierung von Reinigungsarbeiten nach Entgeltgruppe 1 scheidet aus, wenn bei sog. Sicht- und Unterhaltsreinigungen Hygienevorschriften – für die eine mehrstündige Schulung erforderlich ist – sowie ein umfangreicher Desinfektionsplan zu beachten sind, damit der Arbeitnehmer selbst entscheiden kann, welche Flächen wie aufgrund der selbst festzustellenden Verschmutzungen zu reinigen sind. Insofern enthielten die Vorgaben des Arbeitgebers (Hygiene- und Desinfektionsplan) keine klaren

6. Kapitel: Der Arbeitsvorgang

Vorgaben, was wie in welchem Turnus und mit welchen Mitteln zu reinigen war (vgl. BAG Beschluss vom 28. Januar 2009, Az.: 4 ABR 92/07). (Richter/Gamisch, Grundlagen, S. 57 ff.; Richter/Gamisch AuA 2009, S. 360 ff.) Nach diesen Grundüberlegungen zeichnen wir im Folgenden die Bildung von Arbeitsvorgängen für einen Schichtführer nach (vgl. BAG Urteil vom 15. Februar 2006, AP Nr. 3 zu §§ 22, 23 BAT Rückgruppierung).

6.6.3 Bildung von Arbeitsvorgängen für einen Schichtführer

a. Verwaltungspraxis und übertragenes Arbeitsgebiet

Der Beschäftigte ist einer von drei Schichtführern in der Technikzentrale eines Universitätsklinikums (UKK). Im Rahmen der Schichtführung sind ihm drei Arbeiter und zwei Zivildienstleistende unterstellt. Zu seinen Aufgaben gehört die Betreuung der vielfältigen technischen Anlagen des UKK (z. B. Druckluft-, Fernwärme-, Lüftungs-, Notstromanlagen). Dazu obliegen dem Beschäftigten diese Tätigkeiten:

Lfd. Nr.	Aufgabe	Auszuführende Tätigkeiten	%
1.	Bedienen	1. Bedienung der Regelungstechnik zur optimalen Fahrweise der technischen Anlagen im UKK	10 %
		2. Bedienung der computergestützten Gebäudeleittechnik zur Ermittlung von technischen Unregelmäßigkeiten bzw. Störausfällen	
		3. Bedienung der Brandmeldeanlage zur Freischaltung von Melderstrecken (Sanierung)	
		4. Eingriff in die klimatechnische Regelungsstrecken zur Anpassung an die jeweiligen vorgegebenen Bedingungen im OP-Bereich	
		5. Kontrolle und Optimierung der Parameter sowie der technischen Anlagen zur Sauerstoffversorgung der OP und Intensivstationsbereiche sowie der zentralen Druckluftversorgung (medizinische Druckluft)	
2.	Kontrolle	6. Kontrolle der technischen Anlagen auf ihre Funktionsfähigkeit durch Vorortsbegehung im Klinikum K bzw. im innerstädtischen Bereich sowie der außenliegenden Liegenschaften	10 %
		7. Kontrolle der Mitarbeiter auf ordnungsgemäße Durchführung der ihnen übertragenen Arbeitsaufträge im Schichtbereich	

6. Kapitel: Der Arbeitsvorgang

Lfd. Nr.	Aufgabe	Auszuführende Tätigkeiten	%
3.	Störungsbeseitigung	8. Beseitigung/Organisation der Störungsbeseitigung	40 %
		9. Bagatellstörungen durch Schichtpersonal	
		10. Organisation des technischen Bereitschaftsdienstes in Abstimmung mit den bereitschaftsdiensthabenden Leiter	
		11. Organisation der notwendigen Maßnahmen in Abstimmung mit den Kliniken und Institutsbereichen zur Havariebeseitigung.	
		12. Ist qualifiziert im Störungsfall die Netzersatzanlagen (Dieselaggregate) zu starten um den Krankenhausbetrieb aufrechtzuerhalten.	
		13. Analysiert die Störungen und organisiert die sachgerechte Abarbeitung.	
4.	Organisation	14. Beauftragt die in der Schicht tätigen Mitarbeiter zur Abarbeitung von Störungen, Havarien.	40 %
		15. Organisiert die fachgerechte Zuordnung von Störungs- und Reparaturmeldungen durch die Mitarbeiter.	
		16. Erreicht durch Verteilung der anstehenden Arbeitsaufgaben innerhalb der Schichtbesetzung, dass die technischen Anlagen und Systeme der Med. Fakultät ordnungsgemäß funktionieren und steuert die technischen Prozesse.	
		17. Organisiert im Rahmen der Störungsmeldung die reibungslose Zusammenarbeit unterschiedlicher Gewerke außerhalb der Dienstzeit und an Sonn- und Feiertagen.	
		18. Ist verantwortlich für die Arbeitsorganisation innerhalb der Schicht.	
		19. Leitet die Mitarbeiter hinsichtlich der effektiven Anlagenfahrweise unter besonderer Berücksichtigung der Energieeinsparung an, für den optimalen Einsatz der Energieerzeugung und Umformeranlagen."	

b. Fortlaufender Arbeitsablauf oder enger innerer Sachzusammenhang?

Von einem fortlaufenden ununterbrochenen Arbeitsablauf kann bei den Tätigkeiten 1. bis 4. nicht ausgegangen werden. Die beschriebenen Einzeltätigkeiten bauen nicht zwingend aufeinander auf, da nicht jeder Kontroll- (2.) bzw. Überwachungsvorgang (1.) zwingend die Einzeltätigkeiten der Störungsbeseitigung (3.) bzw. der Organisation (4.) nach sich zieht. So stellt sich die Frage, ob zwischen den Aufgaben ein enger innerer Sachzusammenhang besteht, der seinerseits das Vorliegen eines Arbeitsvorgangs begründen

6. Kapitel: Der Arbeitsvorgang

kann. Das kann dann der Fall sein, wenn die Stelle zumindest Funktionscharakter hat und damit aufgrund der (Allein-)Zuständigkeit des Beschäftigten von einem einheitlichen Arbeitsergebnis ausgegangen werden kann.

Von einem solchen kann hier ausgegangen werden. Die Funktion des Schichtführers, als eine Form von Aufsicht bzw. Leitung, kennen die Lohngruppenverzeichnisse. Danach ist unter einem Schichtführer ein Arbeiter zu verstehen, der einem oder mehreren Arbeitern (Arbeitsgruppe) vorsteht bzw. der die Verantwortung für die während seiner Schicht anfallenden Aufgaben trägt, ohne dass ihm jemand unterstellt ist (vgl. BAG Urteil vom 31. August 1988, AP Nr. 5 zu § 21 MTL II).

Nach diesem Grundsatz können zumindest alle koordinierenden und kontrollierenden Aufgaben im Rahmen der Schichtführung zu einem Arbeitsvorgang zusammengefasst werden (Einzeltätigkeiten unter lfd. Nrn. 7.–9., 11., 13.–16., 18., 19.).

6.7 Fazit

33. These: Die Bildung von Arbeitsvorgängen stellt (nach wie vor) eine (alte und neue) Herausforderung für die Praxis dar!

Bei der Bildung von Arbeitsvorgängen kommt es durch die Fokussierung auf das Arbeitsergebnis sehr stark auf den Aufgabenzuschnitt und die Vorhersehbarkeit der Arbeitsanforderungen bei den einzelnen Aufgaben an.

Diesen Grundsatz verfolgt das BAG in ständiger Rechtsprechung konsequent, wenn es regelmäßig prüft, ob die ggf. unterschiedliche Wertigkeit von Einzeltätigkeiten erst im Rahmen der Bearbeitung durch den Beschäftigten selbst festgestellt und entsprechend umgesetzt werden muss oder ob durch entsprechende organisatorische Regelungen, der Mitarbeiter von vornherein nur bestimmte (Routine-)fälle bearbeiten muss (vgl. BAG Urteil vom 18. Mai 1994, AP Nr. 178; BAG Urteil vom 7. Juli 2004, AP Nr. 297 beide zu §§ 22, 23 BAT 1975 sowie BAG Urteil vom 23. September 2009, AP Nr. 40 zu §§ 22, 23 BAT-O).

7. Kapitel: Zeitanteile

7.1 Tarifliche Grundlagen der Zeitermittlung

34. These: Jedem Arbeitsvorgang sind Zeitanteile zuzuordnen.
Wie bereits dargestellt hat es an den Grundlagen der Eingruppierung wie sie in § 22 BAT definiert waren, keine wesentlichen Änderungen gegeben. Die tarifliche Grundlage zur Ermittlung von Zeitanteilen wird in § 12 TVöD-VKA so näher bestimmt:

> „…(2) …Die gesamte auszuübende Tätigkeit entspricht den Tätigkeitsmerkmalen einer Entgeltgruppe, wenn **zeitlich mindestens die Hälfte der Arbeitsvorgänge anfallen**, die für sich genommen die Anforderungen eines Tätigkeitsmerkmals oder mehrerer Tätigkeitsmerkmale dieser Entgeltgruppe erfüllen …"

(Hervorhebung durch den Verfasser)

Es ist also für jeden Arbeitsvorgang ein Zeitanteil zu bestimmen.

35. These: Es existieren unterschiedliche betriebswirtschaftliche Grundlagen der Zeitermittlung.

Tarifkonform sind Methoden wie sie auch bei Organisationsuntersuchungen zur Personalbedarfsbemessung eingesetzt werden, wie:
1. qualifizierte Schätzung
2. Selbstaufschreibung
3. Multimomentaufnahme
4. Laufzettelverfahren.

▶ Hinweis:

Wenn nicht auf statistische Daten zurückgegriffen werden kann, muss der tatsächliche Arbeitsanfall über einen ausreichend langen Zeitraum festgestellt werden (so z. B. BAG Urteil vom 18. Mai 1994, AP Nr. 5 zu §§ 22, 23 BAT Datenverarbeitung).

7. Kapitel: Zeitanteile

Ermittlung von Zeitanteilen

Zeitanteil?	⇨	je Arbeitsvorgang
Ermittlung?	⇨	Verwertung statistischer Daten oder Feststellung über einen ausreichend langen Zeitraum
		⇧
Methoden?	⇨	Personalbedarfsermittlung 1. qualifizierte Schätzung 2. Selbstaufschreibung/Arbeitstagebuch 3. Multimomentaufnahme 4. Laufzettelverfahren
Dauer?	⇨	Einzelfallbezogen für 2. bis 4. ⇘ repräsentative Zeitpunkte/-räume

(Quelle: IPW – Institut für PersonalWirtschaft GmbH)

Der Begriff des „tatsächlichen Arbeitsanfalls" kann aber nicht so ausgedeutet werden, dass für die Bestimmung der Zeitanteile ausschließlich die tatsächlich ausgeübte Tätigkeit maßgeblich ist. Für die sachgerechte Ermittlung des Zeitanteils gilt es vielmehr zu berücksichtigen, dass nach den tariflichen Bestimmungen die „auszuübende" Tätigkeit maßgeblich ist und nicht die „ausgeübte". Auszuübende Tätigkeit ist die Gesamtheit aller Aufgaben, die dem Beschäftigten vom Arbeitgeber im Rahmen des Arbeitsvertrages bzw. im Rahmen des Direktionsrechts übertragen werden (vgl. BAG Urteil vom 18. Mai 1994, AP Nr. 5 zu §§ 22, 23 BAT Datenverarbeitung m. w. N.).

Diese Aufgabenverteilung wird regelmäßig in Form von Stellenbeschreibungen dokumentiert und dem Stelleninhaber zur Kenntnis gegeben. Sind in diesen auch Zeitanteile vermerkt, muss der Beschäftigte im Einzelnen vortragen, aus welchen Umständen sich konkret der höhere Zeitbedarf ergibt. Ein pauschaler Verweis, dass die Zeitanteile schon seit Beginn der Beschäftigung nicht stimmen, reicht nicht aus (vgl. LAG Niedersachsen Urteil vom 29. April 2002, 8 Sa 1049/01 E, zit. nach Hofmann/Reidelbach, A 290 XIX.).

Hingegen spielt die tatsächlich ausgeübte Tätigkeit keine Rolle, soweit sie nicht wirksam durch den Arbeitgeber bzw. ein dazu ausdrücklich befugtes Organ des Arbeitsgebers übertragen wurde (vgl. BAG Urteil vom 5. Mai 1999, AP Nr. 268 zu §§ 22, 23 BAT 1975).

Bestehen also Differenzen zwischen Beschäftigtem und Arbeitgeber zur Verteilung der Arbeitszeit auf die einzelnen Arbeitsvorgänge, muss im Sinne der abgestuften Darlegungs- und Beweislast zunächst der Beschäftigte substantiiert vortragen – also unter

7. Kapitel: Zeitanteile

sachgerechter Anwendung der o. g. Techniken – warum die vom Arbeitgeber in Form von Zeitanteilen vorgegebenen Bearbeitungszeiten nicht sachgerecht sind.

Gelingt dem Arbeitnehmer die Beweisführung und bestreitet der Arbeitgeber die so vom Beschäftigten ermittelten Zeitanteile muss der Arbeitgeber begründen, auf welcher personalwirtschaftlichen Grundlage (sachgerechte Anwendung der o. g. Techniken) die Vorgabezeiten zustande kamen. In diesem Fall kann er nicht mit „Nichtwissen" bestreiten, worin die auszuübende Tätigkeit besteht. Denn dazu zählt nicht nur die übertragen Tätigkeiten an sich, sondern auch deren zeitliche Verteilung (vgl. BAG Urteil vom 19. März 2003, Az.: 4 AZR 336/02, NZA 2004, S. 400; LAG Niedersachsen Urteil vom 29. April 2002, Az.: 8 Sa 1049/01 E, zit. nach Hofmann/Reidelbach, A 290 XIX.).

▶ Hinweis:

Um diesen Nachweis zu erbringen, bedarf es also einer sachgerechten Anwendung der o. g. betriebswirtschaftlichen Techniken zur Bestimmung der Zeitanteile, mit denen wir uns im Folgenden näher auseinandersetzen.

7.2 Betriebswirtschaftliche Grundlagen der Zeitermittlung

7.2.1 Qualifizierte Schätzung

Bei der qualifizierten Schätzung erfolgt keine Erfassung von Bearbeitungszeiten. Der für die Erledigung der Arbeitsaufgaben erforderliche zeitliche Aufwand wird vielmehr auf Basis von Erfahrungswerten aus der Vergangenheit festgesetzt. Dabei werden die vorhandenen Erfahrungswerte analysiert und daraus die Bearbeitungszeiten für die Gegenwart und die Zukunft gewonnen.

▶ Hinweis:

Diese Technik erfordert entsprechend fundierte Erfahrungswerte des Schätzers sowohl über die zu bearbeitenden Sachverhalte als auch die darauf basierenden Prozessabläufe.

Aus organisatorischer Sicht kommt dieses Verfahren nur dann zum Einsatz, wenn eine genauere Ermittlungstechnik aufgrund von betrieblichen Gegebenheiten nicht möglich bzw. eine hundertprozentig präzise Datenbasis nicht zwingend erforderlich ist.

7. Kapitel: Zeitanteile

	Qualifizierte Schätzung
Vorgehen:	Bestimmen des Zeitanteils auf Basis von Erfahrungswerten aus der Vergangenheit
Grundlage:	fundierte Erfahrungswerte des Schätzers über ⇨ zu bearbeitende Sachverhalte und ⇨ Prozessabläufe
Anwendung:	genauere Ermittlungstechniken wegen ⇨ betrieblicher Gegebenheiten nicht möglich bzw. ⇨ präzise Datenbasis nicht zwingend erforderlich

(Quelle: IPW – Institut für PersonalWirtschaft GmbH)

7.2.2 Selbstaufschreibung

Die Selbstaufschreibung umfasst das Erstellen von Arbeitsaufzeichnungen unmittelbar durch den Stelleninhaber. Er dokumentiert selbst seine täglich durchgeführten Arbeiten in zeitlicher Abfolge. Dies erfolgt regelmäßig formulargebunden in sog. Arbeitstagebüchern bzw. Tagesberichten. Damit diese Eigenerfassungen verwertbar sind, sind die folgenden Mindestbedingungen zu erfüllen:
- Anfangs- und Endzeitpunkte für die im Einzelnen erfassten Tätigkeiten müssen klar erkennbar sein. Es sind also Von-bis-Zeiten anzugeben.
- Bei der Erfassung ist zusätzlich darauf zu achten, dass gleiche Tätigkeiten auch immer mit dem gleichen Tätigkeitswort gekennzeichnet werden und Tätigkeiten nicht einmal zusammengefasst und einmal getrennt erfasst werden.

(vgl. Wittlage 1993, S. 71 ff. m. w. N.)

Beispiele:
- Beschreibung gleicher Tätigkeiten immer mit dem gleichen Tätigkeitswort (und nicht erst z. B. Rechnungsprüfung und dann Rechnungsbearbeitung)
- Keine unterschiedliche Zergliederung der übertragenen Tätigkeiten in Einzeltätigkeiten (z. B. einmal Kopieren und Ablegen der Akten und dann: Kopieren der Akten, Ablage der Akten

7. Kapitel: Zeitanteile

▶ Hinweis:

Deshalb sind die zu erfassenden Tätigkeiten und ihre Zergliederung in Einzeltätigkeiten (Verrichtungen) vor der Erfassung vorzugeben.

Der Organisationsbereich muss – unter Beachtung des Zwecks der Untersuchung – vor der Zeiterfassung bestimmen, für welche Einzeltätigkeiten bzw. Aufgaben gesonderte Zeiterfassungen erforderlich sind.

Aus tariflicher Sicht sind getrennte Zeitanteile je Arbeitsvorgang erforderlich (vgl. § 12 TVöD-VKA). Dem Beschäftigten muss also vor Beginn der Aufschreibung klar sein, aus welchen Arbeitsvorgängen seine Tätigkeit besteht und welche Einzeltätigkeiten zum jeweiligen Arbeitsvorgang gehören. Die zu erfassenden Arbeitsvorgänge mit ihren Einzeltätigkeiten (Arbeitsschritte einschließlich Zusammenhangstätigkeiten) werden dem Mitarbeiter dementsprechend vorab in Form von Erfassungsbögen zur Verfügung gestellt.

Selbstaufschreibung

Vorgehen: Dokumentation der täglich durchgeführten Arbeiten durch den Mitarbeiter selbst in zeitlicher Abfolge

⬇

Grundlage: Erfassungsbögen
mit Vorgabe der zu erfassenden Tätigkeiten
↳ gegliedert nach Arbeitsvorgängen und Arbeitsschritten

⬇

Beispiel:

Arbeitstagebuch			Datum:
Stelle: ‹Funktionsbezeichnung›			Blatt ‹› von ‹›
Beginnzeit	Endzeit	Nr. des AV und des Arbeitsschritts	Bemerkungen
08.00	08.20	1. 1.2	
08.20	08.50	2. 2.5	

(Quelle: IPW – Institut für PersonalWirtschaft GmbH)

Dabei kann für ständig wiederkehrende Aufgaben, z. B. Telefonate, Kundenanfragen, die häufig am Tag anfallen und nur wenig Zeit in Anspruch nehmen (bis ca. fünf Minuten) eine Einzelzeitaufnahme mit anschließender Strichlistenführung vorgenommen werden (in Anlehnung an Wittlage 1993, S. 74 m. w. N.).

7. Kapitel: Zeitanteile

Damit die Selbstaufschreibung für die Ermittlung von Zeitanteilen verwertbar ist, empfiehlt sich vor Beginn der Erhebung eine umfassende Information und Einweisung der Beschäftigten in diese Erhebungstechnik. Die ersten Aufzeichnungen sollten nach ca. einer Woche überprüft werden, um festzustellen, ob die Erhebung tatsächlich sachgemäß vorgenommen wird und damit die Auswertbarkeit sichergestellt ist. Sind Änderungen notwendig, sind diese zum besseren Verständnis und damit zum Absichern der sachgerechten Anwendung den Beschäftigten mitzuteilen und zu erläutern.

7.2.3 Multimomentaufnahme

Im Gegensatz zur Selbstaufschreibung handelt es sich bei der Multimomentaufnahme nicht um eine Vollerhebung von Bearbeitungszeiten sondern um ein Stichprobenverfahren.

Die Organisationslehre stellt zwei Formen von Multimoment-Verfahren für den Anwender bereit:
1. Multimoment-Häufigkeitszählverfahren (MMH)
2. Multimoment-Zeitmessverfahren (MMZ).

Beiden Verfahren gemein ist, dass zu zufällig bestimmten Zeitpunkten stichprobenartige Kurzzeitbeobachtungen von Vorgängen oder Größen beliebiger Art durchgeführt werden. Diese Vorgänge oder Größen können für eine frei wählbare Genauigkeit mit einer statistischen Datensicherheit von 95% ermittelt werden.

Das Multimoment-Häufigkeitszählverfahren (MMH) dient der Ermittlung der absoluten oder prozentualen Häufigkeit von Vorgängen (z. B. Tätigkeiten) oder Größen (z. B. Bearbeitungsmengen) in Bezug auf die gesamte Erhebungsperiode (z. B. ein Arbeitstag). Mit ihm kann beispielsweise die Gesamtbearbeitungsdauer einer bestimmten Tätigkeit, aber auch ihr Zeitanteil im Verhältnis zur gesamten Erhebungsperiode ermittelt werden.

Um entsprechend statistisch gesicherte Zeit- oder Mengenangaben zu erhalten, wird in Abhängigkeit von der gewünschten Datengenauigkeit die dazu erforderliche Anzahl von Augenblickbeobachtungen mit Hilfe der sog. MMH-Hauptformel oder annäherungsweise unter Anwendung des sog. Nomogramms ermittelt.

Auf Basis der so erhobenen Stichproben wird mit Hilfe der Wahrscheinlichkeitsrechnung die Gesamtheit der Zeiten oder Mengen berechnet.

▶ Hinweis:

Dementsprechend ist der Einsatz des Multimoment-Häufigkeitszählverfahrens umso effizienter, je mehr Stellen mit gleichem Aufgabenprofil in der Untersuchung zusammengefasst werden. Für wenige bzw. Einzelstellen ist diese Erhebungsmethode hingegen weniger geeignet.

7. Kapitel: Zeitanteile

Multimoment-Häufigkeitszählverfahren (MMH)	
Vorgehen:	Stichprobenverfahren Ableiten statistisch gesicherter Zeit- oder Mengenangaben aus vielen Augenblickbeobachtungen mittels Wahrscheinlichkeitsrechnung
Grundlage:	1. katalogmäßige Erfassung der zu beobachtenden Tätigkeiten 2. Bestimmen der jeweils erforderlichen Anzahl von Augenblicksbeobachtungen 3. Festlegen der Beobachtungszeitpunkte nach Zufälligkeit
Anwendung:	Aufnahmekatalog

(Quelle: IPW – Institut für PersonalWirtschaft GmbH)

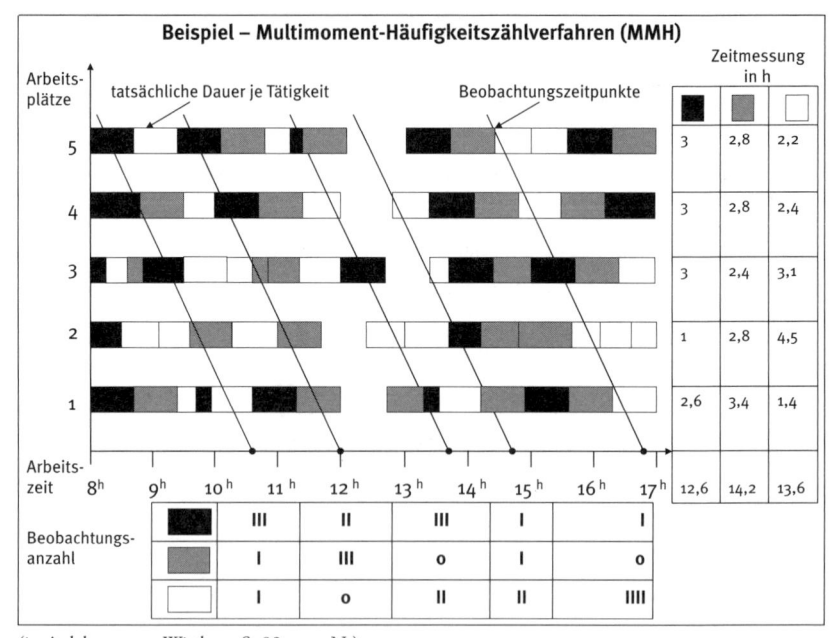

Beispiel – Multimoment-Häufigkeitszählverfahren (MMH)

Arbeitsplätze / tatsächliche Dauer je Tätigkeit / Beobachtungszeitpunkte

Zeitmessung in h (■ / ▨ / ☐)

Arbeitsplatz	■	▨	☐
5	3	2,8	2,2
4	3	2,8	2,4
3	3	2,4	3,1
2	1	2,8	4,5
1	2,6	3,4	1,4
Arbeitszeit	12,6	14,2	13,6

Arbeitszeit: 8ʰ 9ʰ 10ʰ 11ʰ 12ʰ 13ʰ 14ʰ 15ʰ 16ʰ 17ʰ

Beobachtungsanzahl:

	9ʰ–10ʰ	10ʰ–11ʰ	11ʰ–12ʰ	12ʰ–13ʰ	13ʰ–14ʰ	14ʰ–15ʰ	15ʰ–16ʰ	16ʰ–17ʰ
■		III	II	III	I		I	
▨		I	III	o	I		o	
☐		I	o	II	II		IIII	

(in Anlehnung an Wittlage, S. 92 m. w. N.)

7. Kapitel: Zeitanteile

Das Multimoment-Zeitmessverfahren (MMZ) dient hingegen vorrangig der Ermittlung der Zeitdauer von unregelmäßig oder langzyklisch auftretenden Einzel-Vorgängen oder -Größen. Mit Hilfe des MMZ kann beispielsweise die durchschnittliche Zeitdauer eines Telefonates oder eines Prüfvorgangs ermittelt werden, ohne die Zeitdauer des Telefonats bzw. des Prüfvorgangs selbst ermitteln zu müssen.

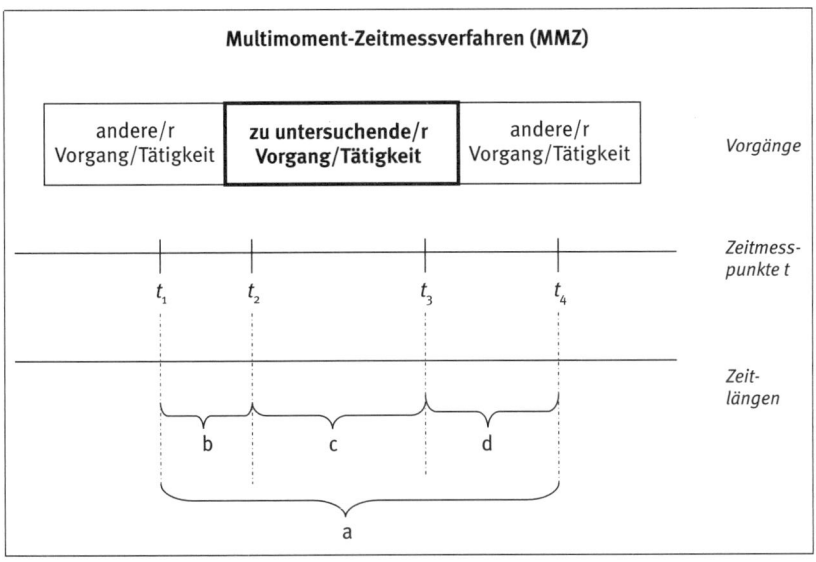

Multimoment-Zeitmessverfahren (MMZ)

| andere/r Vorgang/Tätigkeit | **zu untersuchende/r Vorgang/Tätigkeit** | andere/r Vorgang/Tätigkeit | Vorgänge |

Zeitmesspunkte t: t_1, t_2, t_3, t_4

Zeitlängen: b, c, d; a

(in Anlehnung an Wittlage, S. 96 m. w. N.)

Dazu werden zu bestimmten Beobachtungszeitpunkten Tätigkeiten und die konkreten Uhrzeiten minutengenau erfasst. Um die nicht bekannte Dauer der Tätigkeit zu ermitteln, werden Näherungswerte mittels Wahrscheinlichkeitsrechnung berechnet. Dazu werden je Tätigkeit vier Zeitmesspunkte (t1 bis t4) bestimmt.

1 Zeitmesspunkt vor der Tätigkeit (t1)

2 Zeitmesspunkte während der Tätigkeit (t2 und t3)

1 Zeitmesspunkt nach der Tätigkeit (t4)

Die sich aus den Zeitmesspunkten ergebenden Beobachtungsintervalle (b bis d) dürfen nicht größer sein als die Hälfte des kleinsten beobachteten Vorgangs/Tätigkeit. Die Dauer dieses Vorgangs/Tätigkeit muss geschätzt werden.

Aus den so erfassten Zeiten und Tätigkeiten lässt sich dann mittels statistischen Näherungsrechnungen der Zeitumfang für den Einzelvorgang/die Einzeltätigkeit ermitteln.

Diese umfangreichen Rechenverfahren sind nur beim Einsatz entsprechender Erfassungs- und Berechnungssoftware wirtschaftlich.

7. Kapitel: Zeitanteile

7.2.4 Laufzettelverfahren

Beim Laufzettelverfahren handelt es sich – im Gegensatz zu den drei vorgenannten Techniken – um eine objektorientierte Form der Zeiterfassung. Dabei werden Weg-, Bearbeitungs- und Durchlaufzeiten eines Bearbeitungsfalls (z. B. einer Akte, eines Antrags, eines Werkstücks) mittels eines angebrachten Zettels ermittelt. Nach einem längeren Erhebungszeitraum (z. B. einem Monat) werden die Daten ausgewertet.

Laufzettelverfahren

Vorgehen: objektorientiert
detaillierte Ermittlung von Weg-, Bearbeitungs- und Durchlaufzeiten eines Bearbeitungsfalls
(z. B. Akte, Antrag, Werkstück)

Anwendung: Laufzettel

Beispiel:

Laufzettel						
Bearbeitungsfall: ‹Bezeichnung›			Eingang: ‹Datum›			
Organisations-einheit	Bearbeiter	Tätigkeit	Zeiterfassung (Datum, Uhrzeit)			
			Ein-gang	Bear-beitungs-beginn	Bear-beitungs-ende	Aus-gang

(vgl. Vorschlag des BMI unter http://www.orghandbuch.de/cln_108/nn_471160/OrganisationsHandbuch/DE/Anhang/Praxisbeispiele/laufzettel__erheb__text.html?__nnn=true)

▶ Hinweis:

Für die praktische Umsetzung der Verfahren ergeben sich zwei zentrale Fragen:
- Welche Erhebungstechnik ist geeignet?
- Wie erfolgt die Bestimmung eines repräsentativen Erhebungszeitraumes?

(Wittlage 1993, S. 92 ff.)

7.3 Praktische Umsetzung

7.3.1 Auswahl der Erhebungstechnik

Bei der Auswahl der Erhebungstechnik ist die Frage zu beantworten, welche der oben vorgestellten Techniken im (Einzel-)Fall zweckmäßigerweise anzuwenden ist.

7. Kapitel: Zeitanteile

7.3.1.1 Qualifizierte Schätzung

Die qualifizierte Schätzung kann als ausreichend angesehen werden, wenn über die Schätzergebnisse keine Differenzen zwischen der personalbewirtschaftenden Stelle (i. d. R. Personalleitung) und der schätzenden Fachabteilung zu erwarten sind.

7.3.1.2 Selbstaufschreibung

Die Selbstaufschreibung birgt die größte Gefahr der Manipulation, da sie durch den Beschäftigten und in der Regel ohne Kontrolle durch die personalbewirtschaftende Stelle vorgenommen wird.

Hinzukommt, dass im Rahmen von Organisationsuntersuchungen und Personalbedarfsermittlungen mit der Technik der Selbstaufschreibung der Ist-Zustand erhoben wird. Daraus – und aus weiteren organisatorischen Erkenntnissen zum Ist-Zustand – werden zweckmäßige und wirtschaftliche Vorschläge zur Verbesserung der Organisation entwickelt und erprobt. Sind die Verbesserungsvorschläge in der Praxis aus betriebsorganisatorischer und wirtschaftlicher Sicht umsetzbar, werden auf der Grundlage der optimierten Abläufe erneute Zeiterfassungen vorgenommen um abschließende Sollzeiten zur Ermittlung des quantitativen Personalbedarfs zu bestimmen. Demnach ist die Selbstaufschreibung als reine Ist-Erfassung und ohne nachgehende Analyse keine eigenständige und abschließende Technik zur Bestimmung des Personalbedarfs im Rahmen von Organisationsuntersuchungen (vertiefend zum systemischen und technischen Vorgehen: Wittlage, S. 71 ff. m. w. N.).

Für die tarifliche Praxis stellt sich damit neben der hohen Manipulierbarkeit zusätzlich die Frage, ob für die Bestimmung der Zeitanteile zur Feststellung der tarifkonformen Eingruppierung die Selbstaufschreibung des Beschäftigten ausreicht, wenn der Arbeitgeber selbst keine eigenen Ermittlungen anstellt bzw. angestellt hat. Diese Problematik wurde – soweit ersichtlich – noch nicht abschließend gerichtlich bewertet und entschieden. In der Rechtsprechung geklärt ist allerdings zumindest, dass der Arbeitgeber in den Fällen selbst zeitermittelnd tätig werden muss, in denen er die Angaben des Beschäftigten als nicht sachgerecht bestreitet (vgl. BAG Urteil vom 19. März 2003, Az.: 4 AZR 336/02, NZA 2004, S. 400).

Trotz dieser Problematiken ist es in der Praxis eine weit verbreitete Technik zur Ermittlung von Zeitanteilen.

7.3.1.3 Multimomentaufnahme

Das MMH-Verfahren ist nur geeignet für Bereiche, in denen relativ wenig verschiedene immer wiederkehrende Tätigkeiten in großer Anzahl durchgeführt werden (= Routinetätigkeiten). Zu diesen Bereichen zählen: Bezügerechnung, Buchhaltung, Sekretariatsarbeiten. In Bereichen mit sich kaum wiederholenden, zeitintensiven Tätigkeiten (= planende, beratende, kreative Tätigkeiten) ist dieses Verfahren hingegen ungeeignet, wenn dann kann bei entsprechendem EDV-Einsatz für diese Tätigkeiten das MMZ-Verfahren eingesetzt werden.

7. Kapitel: Zeitanteile

7.3.1.4 Laufzettelverfahren

Aufgrund der objektorientierten Ausrichtung des Laufzettelverfahrens ist diese Technik am wenigsten für die Ermittlung von Zeitanteilen geeignet. Hauptgrund ist, dass im Rahmen der Eingruppierung die Ermittlung von Zeitanteilen unmittelbar an den Begriff des Arbeitsvorgangs geknüpft ist. Die Bildung von Arbeitsvorgängen erfolgt aber regelmäßig nicht objektorientiert. Von diesem Grundsatz sind Ingenieurstellen im Bereich der Bauunterhaltung, Bauleitplanung und Bauantragsprüfung auszunehmen. Hier sieht die Rechtsprechung i. d. R. eine objektorientierte Bildung von Arbeitsvorgängen vor (vgl. Hofmann/Reidelbach, A 328, VIII., X.).

7.3.2 Bestimmung des Erhebungszeitraums

Die Dauer für die Ermittlung der Zeitanteile ist unabhängig von den oben vorgestellten Techniken (Voll- oder Stichprobenverfahren) einzelfallbezogen zu bestimmen.

Der Erfassungszeitraum ist abhängig davon, zu welchen Zeitpunkten (bestimmte Tage, Wochen oder Monate) und in welchem Zeitablauf (monatlich, viertel-, halbjährlich, 1 oder 2 Jahreszeitraum) alle auf Dauer auszuübenden Tätigkeiten in repräsentativem Umfang angefallen sind. Zeitraum und Zeitpunkt der Erhebung müssen so gewählt sein, dass nicht nur alle Tätigkeiten überhaupt zu erledigen waren (= Arbeitsanfall), sondern auch die jeweiligen Arbeitsmengen typisch sind. Über- oder unterjährige Schwankungen im Arbeitsanfall und der Arbeitsmenge sind durch unterschiedliche Erhebungszeitpunkte und -räume entsprechend auszugleichen.

Klassisch sind solche Unterschiede im Arbeitsanfall bei Aufgaben der Haushaltsplanung und des Jahresabschlusses. Für die Bestimmung geeigneter Termine zum Beginn und zur Dauer der Zeitermittlung kann für das obige Beispiel wie folgt vorgegangen werden:

Beispiel:

Lfd. Nr.	auszuübende Tätigkeit	Hauptbearbeitungszeit-räume	Zeitpunkt und Zeitdauer der Erhebung
1.	Haushaltsplanung	November bis Februar	Zeitpunkt und -dauer: November bis Februar, um alle durch interne Abstimmungsprozesse bedingte Schwankungen abzudecken
2.	Laufende Buchhaltung	ganzjährig ohne nennenswerte Schwankungen	Zeitpunkt: zwischen April und November Dauer: vier Wochen, da die laufende Buchhaltung i. d. R. keine starken Schwankungen aufweist
3.	Jahresabschluss	Dezember bis März	Zeitpunkt und -dauer: Dezember bis März, um alle durch interne Abstimmungsprozesse bedingte Schwankungen abzudecken

(Quelle: IPW – Institut für PersonalWirtschaft GmbH)

7. Kapitel: Zeitanteile

Die Frage nach geeigneten Erhebungszeitpunkten und -zeiträumen wurde bei Eingruppierungsprozessen nur selten konkretisiert:
1. Unterliegen die Tätigkeiten ihrem Schwierigkeitsgrad her Schwankungen, kann der Zeitraum zur Erfassung der Zeitanteile sechs Monate und mehr betragen (vgl. BAG Urteil vom 26. April 1966, AP Nr. 2 zu §§ 22, 23 BAT).
2. Für die Ermittlung des Zeitanteils für eine Abwesenheitsvertretung ist der gewählte Erfassungszeitraum (hier sieben Monate) dann nicht repräsentativ, wenn in dieser Zeit ca. 83 % aller Urlaubstage des zu Vertretenden anfallen (vgl. LAG Hamm Urteil vom 10. Februar 1999, Az.: 18 Sa 837/98, EzBAT §§ 22, 23 BAT B. 1 Allgemeiner Verwaltungsdienst VergGr. IVb Nr. 20).
3. Nimmt der Mitarbeiter regelmäßig an Bereitschaftsdiensten teil, ist die darin zu leistende Arbeit bei der Zeitanteilsermittlung mit zu berücksichtigen. Als Erfassungszeitraum dürften sechs Monate genügen (BAG Urteil vom 29. November 2001, AP Nr. 288 zu §§ 22, 23 BAT 1975)

Neben diese organisatorischen Fragen treten die aus rechtlicher Sicht zu beachtenden Aspekte.

7.4 Rechtlicher Rahmen

Aus individualrechtlicher Sicht stellt sich die Frage, ob und auf welcher Grundlage der Arbeitgeber Zeiterfassungen einseitig anordnen kann.

Dabei sind grundsätzlich zwei Fallgestaltungen zu unterscheiden:
a. Aufforderung zur Zeiterfassung im Rahmen des normalen Dienstbetriebes
b. Aufforderung zur Zeiterfassung im Rahmen gerichtlich ausgetragener Eingruppierungsstreitigkeiten

zu a) Aufforderung zur Zeiterfassung im Rahmen des normalen Dienstbetriebes

Das BAG (vgl. BAG Urteil vom 19. April 2007, AP Nr. 77 zu § 611 BGB – Direktionsrecht) hat klargestellt, dass der Arbeitgeber Arbeitsaufzeichnungen ggü. dem Arbeitnehmer anordnen kann. Dazu ist er im Rahmen seines Direktionsrechts berechtigt.

Vom Direktionsrecht abgedeckt sind dabei – je nach Zweck der Arbeitsaufzeichnungen – auch unterschiedliche Qualitäten von Arbeitsaufzeichnungen:

1. Zweck: Nachweis der erbrachten Arbeitsleistung (siehe Richter/Gamisch/Mohr, StB, S. 135 f.)

Täglicher Tätigkeitsbericht: Datum:		
Uhrzeit	Tätigkeit	Anzahl der bearbeiteten Vorgänge

2. Zweck: Erstellen einer Stellenbeschreibung und -bewertung

Tägliche Arbeitsaufzeichnungen über vier Wochen anhand eines noch umfangreicheren Formulars wie oben, insbesondere mit Einzelzeitangaben in Minuten für jeden zu bearbeitenden Einzelfall.

zu b) Aufforderung zur Zeiterfassung im Rahmen gerichtlich ausgetragener Eingruppierungsstreitigkeiten

Im Rahmen gerichtlicher Auseinandersetzungen hat das BAG wiederholt entschieden, dass der Angestellte zur Schlüssigkeit seines Klagevortrags nicht verpflichtet ist, tagebuchähnliche Aufzeichnungen über die Einzelheiten seiner Tätigkeiten und deren zeitlicher Verteilung o. ä. zu führen, da diese für sich allein – wie jede Parteierklärung im Zivilprozess – grundsätzlich keinen Beweiswert haben, zumal es sich dabei um Privaturkunden (§ 416 ZPO) und nicht etwa öffentliche Urkunden (§ 417 ZPO) handelt. (vgl. BAG Urteil vom 28. März 1979, AP Nr. 19 und BAG Urteil vom 24. September 1980, AP Nr. 36 beide zu §§ 22, 23 BAT 1975).

Davon unberührt steht das Recht des Arbeitgebers im Rahmen seines Direktionsrechts entsprechende Arbeitsaufzeichnungen zu verlangen. Dabei ist – soweit ersichtlich – die Frage, ob er dies erstmals auch im Rahmen laufender Eingruppierungsklagen kann, bisher nicht entschieden.

Zu den kollektivrechtlichen Rahmenbedingungen s. Kapitel 14.

7.5 Fazit

36. These: Die Zeit des Übergangs bis zum in Kraft treten der neuen Entgeltordnung sollte genutzt werden um Zeitanteile zu ermitteln!

In der Praxis erfolgt die Ermittlung von Zeitanteilen – insbesondere außerhalb des kommunalen Bereichs – aufgrund fehlender Benchmarks und der recht hohen Kosten und Aufwendungen für die Zeiterfassung weit überwiegend durch (qualifizierte) Schätzung oder Selbstaufschreibung.

Für die Feststellung der tarifkonformen Eingruppierung spielt die sachgerechte Ermittlung von Zeitanteilen eine wesentliche Rolle. Daran ändert auch das neue Eingruppierungsrecht nichts, da die Grundregeln des § 22 BAT-VKA mit § 12 TVöD-VKA im Wesentlichen beibehalten wurden (siehe Kapitel 4.1). So ist auch in der neuen Eingruppierungswelt in der Regel die mindestens zur Hälfte auszuübende – nach Arbeitsvorgängen gegliederte – Tätigkeit maßgeblich.

Für die Zeitermittlung interessant könnten vor allem die Ausnahmen von dieser Grundregel sein, wenn also ein Zeitanteil von 20% oder 1/3 ausreicht, um eine höhere Entgeltgruppe zu erreichen.

7. Kapitel: Zeitanteile

▶ Beispiel:

Dies ist z.B. bei der neuen Entgeltgruppe 7 der Allgemeinen Tätigkeitsmerkmale der Fall, die neben 50% gründlichen und vielseitigen Fachkenntnissen zu 20% selbständige Leistungen erfordert. Diese Merkmalskombination wurde bisher - gem. Anlage 3 TVÜ-VKA - in Entgeltgruppe 6 übergeleitet.

▶ Beispiel:

Ein weiteres Beispiel sind die neuen Eingruppierungsregeln für die Ingenieure auf Dipl.-FH- bzw. BA-Niveau. Bisher muss für das Erreichen einer höheren Entgeltgruppe das jeweilige Tätigkeitsmerkmal (besondere Leistungen, besondere Schwierigkeit und Bedeutung, Maß an Verantwortung...) zu 50% vorliegen, nach den neuen Eingruppierungsregeln reicht 1/3 aus.

▶ Praxistipp:

Für Mitarbeiter, die bisher nach Anlage 3 TVÜ-VKA (in der bis zum 31.12.2016 geltenden Fassung) ein- bzw. umgruppiert wurden, lohnt sich also ein Blick in die Stellenbeschreibung, ob das Erreichen der höheren Entgeltgruppe ggf. „nur" am fehlenden Zeitanteil gelegen hat.

8. Kapitel: Die zentrale Rolle der Stellenbeschreibung

8.1 Begriffsbestimmung

Die Stellenbeschreibung zählt zu den umstrittenen Instrumenten personalwirtschaftlicher Arbeit. Für Kritiker hat sie längst ausgedient: von unnötig, bürokratisch und kostenintensiv bis hin zu den Wandel behindernd reichen die Argumente (vgl. Fischer/Reihsner, S. 53 f. m. w. N.; Arnold, S. 6). Befürworter verweisen auf ihre zentrale Rolle als Organisations- und Führungsmittel und der Möglichkeit des selbständigen Arbeitens für den Stelleninhaber (vgl. Knebel/Schneider, S. 11 ff.; Schwarz, S. 25 ff.). Allen Diskussionen gemein ist ihre rein betriebswirtschaftliche bzw. arbeits- und organisationspsychologische Ausrichtung, die wesentliche Besonderheiten des öffentlichen Dienstes übersieht.

37. These: In jedem Fall benötigt der Arbeitgeber des öffentlichen Dienstes Stellenbeschreibungen.

Die Sinnfrage stellt sich eigentlich aufgrund (tarif-)rechtlicher Vorschriften nicht. Die Eingruppierungsvorschriften des § 12 TVöD-VKA machen Stellenbeschreibungen aus tarifvertraglicher Sicht erforderlich (vgl. Richter/Gamisch/Mohr, StB, S. 22 f.).

Die Stellenbeschreibung fixiert schriftlich die organisatorische Eingliederung einer Stelle im Hinblick auf
– Ziele
– Aufgaben
– Kompetenzen
– Beziehungen zu anderen Stellen.

Trotzdem wird das Instrument der Stellenbeschreibung kritisch gesehen. Die folgenden BAG-Urteile werfen kein vorteilhaftes Licht auf die bestehende Verwaltungspraxis:

Eine Stellenbeschreibung dient der Dokumentation der Tätigkeit des Stelleninhabers. Sie besitzt organisatorische Bedeutung im Hinblick darauf welche Aufgaben auf welchen Arbeitsplätzen im Betrieb wahrgenommen werden, in welchem hierarchischen Zusammenhang die Stelle angesiedelt ist etc. Sie hat auch arbeitsrechtliche Bedeutung, z. B. hinsichtlich des Direktionsrechts und kann im Einzelfall Konsequenzen für die tarifliche Eingruppierung haben. Als Grundlage für eine Eingruppierung kommt sie in Betracht, soweit sie die tatsächlich ausgeübten einzelnen Tätigkeiten und Arbeitsvorgänge des Stelleninhabers ausreichend differenziert wiedergibt und damit der Identifizierung der auszuübenden Tätigkeit dient. Sofern die Entgeltgruppen des Tarifvertrages bestimmte Fachkenntnisse und Fertigkeiten, die Erbringung selbstständiger Leistungen, Eigenverantwortlichkeit oder besondere Anforderungen an analytische Fähigkeiten voraussetzen, ist die Stellenbeschreibung allenfalls dann dienlich, wenn sie in erkennbar gewollter Übereinstimmung (d.h. nicht Wiederholung) mit den jeweiligen tariflichen Begrifflichkeiten entsprechende Angaben enthält. Das dürfte ausnahmsweise gegeben sein, wenn sie von einer Stelle angefertigt worden ist, die über die entsprechenden

8. Kapitel: Die zentrale Rolle der Stellenbeschreibung

Tarifkenntnisse verfügt und erkennbar auf die tariflichen Tätigkeitsmerkmale abstellt. Die Einschätzung eines Vorgesetzten des Arbeitsplatzinhabers ist unerheblich (vgl. BAG Urteil vom 21. März 2012, Az.: 4 AZR 292/10, ZTR 2012, S. 628 ff.; vgl. auch BAG Urteil vom 16. November 2011, AP Nr. 67 zu § 611 BGB Kirchendienst).

▶ Hinweis:

In ihrer Reinform ist sie eine ausschließlich stellenspezifische (= sachbezogene) und nicht mitarbeiterbezogene (= personenbezogene) Form der Dokumentation von Aufbau- und Ablauforganisation (vgl. BAG Beschluss vom 12. Dezember 1995, Az.: 1 ABR 31/95, AuR 1996, S. 280).

Die Ausführung der Aufgaben der öffentlichen Hand erfolgt in den Dienststellen regelmäßig durch zwei Beschäftigtengruppen: Tarifbeschäftigte und Beamte.

8.2 Rechtliche Vorgaben zur Stellenbeschreibung im öffentlichen Dienst

38. These: Das Tarifrecht macht für den Aufbau und den Inhalt einer Stellenbeschreibung Vorgaben, die es zu beachten gilt.

Für Tarifbeschäftigte enthält im Wesentlichen § 12 Abs. 2 TVöD-VKA diese für die Stellenbeschreibung im öffentlichen Dienst maßgeblichen Regelungen:
– „Die gesamte (nicht nur vorübergehend) auszuübende Tätigkeit entspricht den Tätigkeitsmerkmalen einer Entgeltgruppe, wenn
– zeitlich mindestens zur Hälfte
– Arbeitsvorgänge anfallen,…".

Für die Beamten sind die rechtlichen Grundlagen der Arbeitsbewertung wesentlich pauschaler. Sie finden sich im reformierten Bundesbesoldungsgesetz bzw. in den Landesbesoldungsgesetzen. Diese regeln im Wesentlichen:
1. den Grundsatz der funktionsgerechten Besoldung
2. die laufbahnbezogenen Eingangsämter und
3. die laufbahnbezogenen Obergrenzen für Beförderungsämter

Die Ausgestaltung dieser Grundsätze liegt im Gestaltungsspielraum des Dienstherrn (vgl. OVG Münster Entscheidung vom 29. Oktober 1982, Az.: 15 A 2037/79; BVerwG Entscheidung vom 31. Mai 1990, RiA 1992, S. 85 f.). Diese Gestaltungsfreiheit wird regelmäßig durch ein analytisches Bewertungsverfahren ausgefüllt (zum analytischen Bewertungsverfahren s. Kapitel 5.1).

▶ Hinweis:

Im Stellenbeschreibungsformular der Dienststelle gilt es beide Bewertungsformen ausreichend zu berücksichtigen, wie das folgende Formular beispielhaft zeigt.

8. Kapitel: Die zentrale Rolle der Stellenbeschreibung

8.3 Aufbau und Inhalt einer Stellenbeschreibung im öffentlichen Dienst

Über die allgemeingültige Mindestdefinition der Inhalte einer Stellenbeschreibung ergeben sich aufgrund der o. g. rechtlichen Vorgaben diese Inhalte für die Stellenbeschreibung im öffentlichen Dienst.

Vor dem Hintergrund des neuen Tarifrechts für den Sozial- und Erziehungsdienst und des praktischen Bedürfnisses in der Umstellungsphase auch Dienstposten zu erfassen, haben wir unser bewährtes Formular (s. Richter/Gamisch/Mohr, StB, S. 143 ff.) fortentwickelt.

8.3.1 Das Formular

Stellenbeschreibung < Bezeichnung der Dienststelle>

Teil 1: Allgemeine Angaben

1. **Organisatorische Eingliederung der Stelle**
   1.1 Organisationseinheit: _____
       (Fachbereich/Abteilung/Team)
   1.2 Stellenbezeichnung: _____
   1.3 Stellennummer: _____
   1.4 Unterstellung:
       1.4.1 fachlich: _____

       1.4.2 disziplinarisch: _____
       (Angabe der unmittelbar vorgesetzten Stelle/n)

   1.5 Überstellung: *(Angabe der ständig unmittelbar unterstellten Stellen)*

fachlich	disziplinarisch	Anzahl	Stellenanteil	Stellenbezeichnung	Stellennummer

   1.6 Stellvertretung
       1.6.1 Aktive Stellvertretung *(= der Stelleninhaber vertritt)*:

a) ständig / b) in Abwesenheit	Stellenbezeichnung	Stellennummer	Vertretungsbereiche (Eintragen der lfd. Nr. gem. 4. Tätigkeitsbeschreibung)

       1.6.2 Passive Stellvertretung *(= der Stelleninhaber wird vertreten durch)*:

a) ständig / b) in Abwesenheit	Stellenbezeichnung	Stellennummer	Vertretungsbereiche (Eintragen der lfd. Nr. gem. 4. Tätigkeitsbeschreibung)

2. **Arbeitszeit/Beschäftigungsumfang der Stelle**
   ☐ Vollzeit   ☐ Teilzeit mit   ☐ _____ % Anteil Vollzeit
                                   ☐ _____ Wochenstunden

8. Kapitel: Die zentrale Rolle der Stellenbeschreibung

3. **Ziel(e) der Stelle**

   (Angabe der zu erreichenden Ziele/Arbeitsergebnisse)

4. **Tätigkeitsbeschreibung**

Lfd. Nr.	a) Zuständig für die Produkte/-gruppen *(Auflistung gem. Produktplan)* b) Beschreibung der Arbeitsvorgänge bzw. **Tätigkeiten bezogen auf die Produkte/-gruppen** *(Angabe der wesentlichen inhaltlichen Arbeitsschritte und des zu erreichenden Arbeitsergebnisses)* c) **Erforderliche Kenntnisse und Vorschriften** *(Angabe der Paragraphen/Abschnitte etc. von Gesetzen, Verordnungen, internen Richtlinien, etc.)*	Zeit- anteil in %
4.1	a)	%
	b)	
	c)	
4.2	a)	%
	b)	
	c)	
4.3	a)	%
	b)	
	c)	
4.4	a)	%
	b)	
	c)	

5. **Befugnisse**

5.1 Unterschrifts- und Feststellungsbefugnisse:

(Unterschriftsberechtigungen nach innen [wie z. B. Zeichnung der fachtechnischen und sachlichen Richtigkeit] und außen [wie z. B. Handlungsvollmacht, Prokura])

5.2 Entscheidungsbefugnisse:

(Fällen von Sachentscheidungen durch Ausfüllen von Ermessens-, Beurteilungs-, Gestaltungsspielräumen)

5.3 Weisungsbefugnisse:

(Rechte zur Bestimmung des Verhaltens und Handelns anderer Stellen; ggü. den gem. 1.5 zugeordneten Stellen bzw. im Einzelfall)

8. Kapitel: Die zentrale Rolle der Stellenbeschreibung

6. Erforderliche berufliche Qualifikation(en) und Erfahrung(en)
(berufsbildender Abschluss bzw. Laufbahnprüfungen, sonstige Prüfungen, mehr-/langjährige Berufserfahrung)

Teil 2: Ergänzende Angaben für Beamtenstellen

7. Leitungsverantwortung

7.1	Welche Stellen sind dem Stelleninhaber **insgesamt** unterstellt (Fach- bzw. Dienstaufsicht)? *(Anzahl, Funktion und BesGr./EntGr.)*
7.2	In- und externe Zielgruppen, auf die sich die Leitungsfunktion auswirkt *(andere interne Bereiche bzw. Bevölkerungsgruppen)*
7.3	Anforderungen an die Personalführung *(Kommunikation, Motivation)*
7.4	Anforderungen an die Organisationsgestaltung *(Gestaltung und Veränderung von Arbeitsprozessen)*
7.5	Anforderungen an Budgetgestaltung und -bewirtschaftung *(Größe und Zusammensetzung im Vergleich zum Gesamtbudget; Spielräume bei der Budgetgestaltung, Möglichkeiten der Einflussnahme auf Budgethöhe und -verteilung bei der Bewirtschaftung)*

8. Dienstliche Beziehungen

Lfd. Nr.	Zusammengefasste Darstellung der wesentlichen dienstlichen Beziehungen *(Gespräche oder Verhandlungen, Zielsetzung, erläuterungsbedürftigen oder strittigen Themen, Gesprächspartner)*

9. Handlungsspielraum

Lfd. Nr.	Bei welchen Arbeiten/Produkten ist der Handlungsspielraum am größten?

10. Reichweite und Auswirkungen des Arbeitsverhaltens

Lfd. Nr.	Auf wen wirkt sich das Arbeitsverhalten hauptsächlich aus? *(Aufzählung der internen Bereiche – **ohne Leitungs- und Aufsichtsbereich** – oder Personenkreise/Bevölkerungsgruppe/n, auf die sich die Arbeitsergebnisse in der Regel auswirken)*

8. Kapitel: Die zentrale Rolle der Stellenbeschreibung

Teil 3: Personalwirtschaftliche Angaben

11. ☐ **Erstellt** (Erstfassung-Version 1) / ☐ **Geänderte Fassung**, Version: ___
    Datum: Ort, den___ von: _____
    (zuständiger Mitarbeiter der Personalabteilung)

12. **In-Kraft-Treten:**
    Datum: Ort, den___ Unterschrift: _____
    (Personalleitung)

    _____
    (Dienststellen-/Unternehmensleitung)

13. **Kenntnisnahme des Stelleninhabers:**
    Ich habe die von mir regelmäßig auszuübenden Tätigkeiten gemäß vorliegender Stellenbeschreibung zur Kenntnis genommen. Darüber hinaus sind die weiterführenden Informationen des Vorgesetzten zu beachten.
    Mir ist darüber hinaus bekannt, dass ich verpflichtet bin, relevante Informationen dem zuständigen Vorgesetzten rechtzeitig und der Situation angemessen weiterzugeben und auf Weisung des Vorgesetzten Einzelaufträge auszuführen, die dem Wesen nach zu meinem Tätigkeitsgebiet gehören oder sich aus der dienstlichen/betrieblichen Notwendigkeit ergeben.
    Datum: Ort, den___ Unterschrift: _____
    (Stelleninhaber)

14. **Kenntnisnahme der vorgesetzten Stelle/n (siehe 1.4):**
    Datum: Ort, den___ Unterschrift: _____
    (zu 1.4.1)

    _____
    (zu 1.4.2)

15. **Gefährdungsbeurteilung zum Arbeitsplatz**
    ☒ durchgeführt (s. Anhang)

8.3.2 Erläuterungen zum Formular

Teil 1: Allgemeine Angaben

1. Organisatorische Eingliederung der Stelle

(zu 1.1)	Organisationseinheit
	Hier ist der offizielle Titel der Organisationseinheit aufzuführen, in der die Stelle angesiedelt ist.
(zu 1.2)	Stellenbezeichnung
	Sie soll verdeutlichen, um welche Art von Stelle (Rang) es sich handelt und welche Aufgabe(n) hauptsächlich übertragen wurde(n). Der Rang verdeutlicht die hierarchische Eingliederung als Leitungs-, Stabs-, Sachbearbeitungs- oder Assistenzstelle.

8. Kapitel: Die zentrale Rolle der Stellenbeschreibung

(zu 1.3)	Stellennummer
	Die Stellennummer ist Verbindungselement zwischen der rein sachbezogenen Stellenbeschreibung und der Stellenbesetzung, festgehalten im Stellen(besetzungs-)plan.
(zu 1.4)	Unterstellung
	Bei der Angabe des unmittelbaren Vorgesetzten ist zu berücksichtigen, ob es einen Hauptvorgesetzten gibt oder – wie im öffentlichen Dienst regelmäßig anzutreffen – eine Trennung von fachlicher und disziplinarischer Unterstellung vorliegt.
(zu 1.5)	Überstellung
	Für ein personalwirtschaftlich aussagefähiges Gesamtbild sollte neben der Nennung der Anzahl mit Stellenanteil und der Stellenbezeichnung der ständig unmittelbar unterstellten Stellen auch die Stellennummern mit aufgeführt werden. Diese Daten ermöglichen in ihrer Gesamtheit einen ersten Einblick in die quantitative und qualitative Ausstattung des Leitungsbereiches.
(zu 1.6)	Stellvertretung
	Bei der Stellvertretung unterscheidet man zwischen aktiver und passiver Stellvertretung.
	Aus Sicht der Organisationslehre beschreibt die Stellvertretung die neben den einer Stelle zugewiesenen Hauptaufgaben wahrgenommene Vertretung anderer Beschäftigter. Im Gegensatz zur ständigen Vertretung ist hierunter regelmäßig die Vertretung bei Abwesenheit (Urlaub, Arbeitsunfähigkeit, Dienstreisen) des zu Vertretenden zu verstehen. Beide Vertretungsformen sollten entsprechend eindeutig aufgeführt werden.
	Die Stellvertretung kann alle oder nur bestimmte Aufgaben umfassen. Um dies zu verdeutlichen, sollte – neben der Angabe von Stellenbezeichnung und Stellennummer – die Nennung der Vertretungsgebiete unter Verweis auf die jeweiligen Tätigkeiten in der Tätigkeitsbeschreibung. Die im Einzelnen wahrzunehmenden Aufgaben und Befugnisse hingegen sind als Teil der Befugnisse und der Tätigkeitsbeschreibung des Stelleninhabers zu erfassen.

2. Arbeitszeit/Beschäftigungsumfang der Stelle

Hier wird der zeitliche Gesamtaufwand für die Erfüllung der an der Stelle angesiedelten Aufgaben dokumentiert, also ob es sich bei der Stelle um eine Vollzeit- oder Teilzeitstelle handelt.

3. Ziel(e) der Stelle

Dabei handelt es sich um die langfristige aufgabenbezogene Sollvorgabe für die Stelle, abgeleitet von den Gesamtaufgaben der Dienststelle. Insoweit besteht kein inhaltlicher Unterschied zwischen Aufgaben und Zielen (vgl. Schwarz, S. 181).

Das Ziel der Stelle vermittelt in kurzen einführenden Sätzen oder Wortgruppen:
a. Wozu gibt es diese Stelle?
b. Was soll im Ergebnis der Arbeit erreicht werden?

Sie beantwortet damit die Frage, für die Erfüllung welcher Dienststellenaufgaben die Stelle geschaffen worden ist.

4. Tätigkeitsbeschreibung

8. Kapitel: Die zentrale Rolle der Stellenbeschreibung

39. These: Das gilt vor allem für die tarifkonforme Sprache.

Sie ist das Kernstück der Stellenbeschreibung. Um den o. g. tariflichen Anforderungen gerecht zu werden, besteht sie aus:

a. Der Beschreibung der einzelnen Tätigkeiten bzw. Arbeitsvorgänge:
Das Wort Tätigkeit steht hier für die Beschreibung der Aufgaben der Beamten, da das in der Praxis regelmäßig eingesetzte analytische Bewertungsverfahren (siehe z. B. Siepmann, S. 229) regelmäßig von Tätigkeiten ausgeht, während für die Tarifbeschäftigen Arbeitsvorgänge zu bilden sind (§ 12 TVöD-VKA). Die Bildung der Tätigkeiten im Sinne der analytischen Bewertung folgt aber ähnlichen Regeln wie die Bildung von Arbeitsvorgängen (siehe Kapitel 6). So besteht die Tätigkeit als Bewertungseinheit im analytischen Bewertungsverfahren aus der Haupttätigkeit sowie vorbereitenden und nachbereitenden Tätigkeiten zu dieser Haupttätigkeit (vgl. Siepmann, S. 15). Vor- und nachbereitende Tätigkeiten sind den Haupttätigkeiten zuzurechnen, da sie nur in Zusammenhang mit der Haupttätigkeit vom Beamten zu erledigen sind. Es handelt sich also – wie beim Tarifbeschäftigen – um sog. Zusammenhangstätigkeiten (s.a. Siepmann, S. 14, 15).

Beim Punkt „Beschreibung..." wird jede Tätigkeit/jeder Arbeitsvorgang für sich beschrieben. Die Ausführungen erfolgen arbeitsablauf-/prozessbezogen mit Angabe der wesentlichen (= inhaltlichen) Arbeitsschritte und des Arbeitsergebnisses. Zusammenhangstätigkeiten wie Kopieren, Ablegen und Dokumentieren der Arbeiten können hingegen entfallen, da sie für die inhaltliche Beschreibung der Tätigkeiten eine untergeordnete Rolle spielen. In technischen und sozialen Bereichen kann das anders aussehen, wenn aufgrund von implementierten Qualitäts-Management-Systemen (QM-Systeme) sehr großer Wert auf die Dokumentation der Arbeit gelegt wird bzw. werden (muss). In diesen Fällen sichert eine Standardformulierung wie „einschließlich Dokumentation der Arbeit gemäß QM-Handbuch" diese Anforderungen.

b. Der Darstellung der einzusetzenden Kenntnisse und Vorschriften:
Diese sind für jede Tätigkeit bzw. jeden Arbeitsvorgang konkret anzugeben. Das bedeutet, dass die Angabe von Vorschriften mit Nennung der Paragraphen/Abschnitte etc. von Gesetzen, Verordnungen, internen Richtlinien, usw. erfolgen muss. Nur so ist im Rahmen der Bewertung der Stelle sicher zu prüfen, ob die angegebenen Kenntnisse zu den beschriebenen Tätigkeiten passen (können). Die Personalabteilung muss sich damit nicht ausschließlich auf die Angaben der Stelleninhaber und Vorgesetzten verlassen. Zudem ermöglicht die konkrete Angabe der Vorschriften im Rahmen der Bewertung der Stelle eine Prüfung, ob die genannten Regelungen aus sich heraus verständlich oder auslegungsbedürftig sind. Es lassen sich also Rückschlüsse auf Umfang und Schwierigkeit der Fachkenntnisse ziehen.

Bei den einzusetzenden fach- und tätigkeitsspezifischen Kenntnissen sind gemäß der Definition von Fachkenntnissen, alle Kenntnisse anzugeben, die der Beschäftigte benötigt, um die ihm übertragenen Aufgaben sachgerecht erfüllen zu können. Je nach Aufgabengebiet kommen in Frage:
- fachspezifische Kenntnisse wie z. B. betriebswirtschaftliche, pädagogische, erzieherische

8. Kapitel: Die zentrale Rolle der Stellenbeschreibung

- technische Kenntnisse und Fertigkeiten (mit Angabe der Fachrichtung, z. B. bautechnisch oder technische Gebäudeausrüstung)
- handwerkliche Kenntnisse und Fertigkeiten (mit Angabe der Fachrichtung, z. B. elektrotechnisch, bauhandwerklich)
- speziellen (Fachkunde-)Prüfungen (z. B. Zertifikate für die Arbeit unter Spannung bei Elektrikern)
- Sprachkenntnisse
- arbeitsorganisatorische Kenntnisse
- tätigkeitsspezifisches Erfahrungswissen
- PC-Kenntnisse (unabhängig davon, ob sie später bewertungs- und eingruppierungsrelevant sind!), etc.

c. Der Angabe der erforderlichen Zeitanteile je Tätigkeit/Arbeitsvorgang.
Trotz der Bedeutung der Zeitanteile und ihrer Ermittlung für die Eingruppierung, haben sich die Gerichte und die Literatur zum Eingruppierungsrecht nur am Rande mit dieser Frage auseinandergesetzt: Grundsätzlich muss der zeitliche Aufwand für jeden Arbeitsvorgang gesondert festgestellt werden. Adäquat sind Methoden, die im Rahmen von Organisationsuntersuchungen zur Ermittlung des Personalbedarfs zum Einsatz kommen (zu den Einzelheiten s. Kapitel 7.1).

5. Befugnisse
Die Begriffe „Befugnis" und „Kompetenz" werden in der Organisationslehre synonym verwandt. Sie definieren ausdrücklich zugeteilte Rechte und werden wie folgt klassifiziert:

zu 5.1 Unterschrifts- und Feststellungsbefugnisse:
Die Unterschriftsbefugnis (oder auch Verpflichtungsbefugnis) definiert das Recht, im Auftrag oder im Namen der Dienststelle rechtskräftig Verpflichtungen gegenüber Dritten einzugehen. Äußeres Kennzeichen ist die Unterschriftsberechtigung. Im Außenverhältnis wirkt diese durch Handlungsvollmacht bzw. Prokura. Beide Begriffe sind im HGB näher bestimmt (vgl. §§ 48 ff. HGB).

Feststellungsbefugnisse wirken hingegen nach innen, wie z. B. Zeichnung der fachtechnischen und sachlichen Richtigkeit.

zu 5.2 Entscheidungsbefugnisse:
Sie kennzeichnen das Recht, bestimmte Entscheidungen zu treffen, die eine Willensbildung und -durchsetzung erfordern (vgl. Schulte-Zurhausen, S. 166, 173). In der Praxis bedeutet dies, dass nur dann Entscheidungsbefugnisse im o. g. Sinne vorliegen, wenn das Fällen von Sachentscheidungen durch Ausfüllen von Ermessens-, Beurteilungs-, Gestaltungsspielräumen bzw. Durchführen von Abwägungsprozessen erforderlich ist. Ja-Nein-Entscheidungen gehören nicht dazu, da die Wahl zwischen richtig und falsch keine echte Willensbildung darstellt.

zu 5.3 Weisungsbefugnisse:
Sie berechtigen dazu, das Verhalten (aber auch das Handeln) der zugeordneten Stellen zu bestimmen und sind damit ein typisches Kennzeichen von Leitungsstellen (vgl. Olfert/Rahn, Rdnr. 956).

8. Kapitel: Die zentrale Rolle der Stellenbeschreibung

Rechtlich werden sie durch das Direktionsrecht (vgl. § 106 GewO) und die Fürsorgepflicht (vgl. § 241 Abs. 2 BGB) des Arbeitgebers näher bestimmt.

6. Erforderliche berufliche Qualifikation(en) und Erfahrung(en)
Dieser Punkt der Stellenbeschreibung soll die Frage beantworten, welche Ausbildung und welche ggf. darauf aufbauenden praktischen beruflichen Erfahrungen ein Stelleninhaber mitbringen muss, um die auf der Stelle angesiedelten Aufgaben und Befugnisse ausfüllen zu können.

Teil 2: Ergänzende Angaben für Beamtenstellen

Der Teil 2 spiegelt die unterschiedlichen Bewertungsverfahren von Tarifbeschäftigten und Beamten wider. Hier werden alle die Bewertungsmerkmale erfasst, die ausschließlich für die Beamtenstellen zu berücksichtigen sind (zur Dienstpostenbewertung s. Siepmann, vor allem ab S. 73 ff.).

Teil 3: Personalwirtschaftliche Angaben

In der Praxis sind neben den o. g. erforderlichen inhaltlichen Fragen auch personalwirtschaftliche Angaben (Datumsangaben und Unterschriften) von großem Interesse.

Datumsangaben sind zweckmäßig, da zwischen Erfassung, Beschreibung, Abstimmung und Verabschiedung der Stellenbeschreibungen ein zeitlicher Abstand besteht. Aus der Stellenbeschreibung sollte mindestens klar hervorgehen, ab wann diese in Kraft tritt. Darüber hinaus können aus Dokumentationszwecken diese Datumsangaben praktikabel sein: Datum der Erfassung vor Ort, Datum zu Änderungen an der Stellenbeschreibung, Datum der Aushändigung an den Stelleninhaber.

Alle diese Daten halten den Entwicklungsprozess der Stellenbeschreibung transparent. Es ist also an der Dienststelle zu entscheiden, welche davon dokumentiert werden.

Unterschriften sollten zweckmäßigerweise durch den Stelleninhaber, den Ersteller, die Dienststellenleitung und die Personalleitung erfolgen. Mit der Unterschrift sollte immer eine eindeutige Erläuterung verbunden werden, aus welchem Grund sie erfolgt und was mit ihr dokumentiert werden soll:

Mit der Unterschrift der Dienststellen- und Personalleitung als die Arbeitgeber-Vertreter wird die Stellenbeschreibung in Kraft gesetzt. Die Personalabteilung zeichnet als zuständiger Ersteller, der Stelleninhaber und Vorgesetzte für die Kenntnisnahme.

7. Gefährdungsbeurteilung
Die Gefährdungsbeurteilung wird in § 5 Abs. 1 ArbSchG vorgeschrieben. Es werden aber weder die Ziele dieses Instruments festgelegt noch ein Verfahren bestimmt. Vielmehr liegt eine sehr flexible Regelung vor, die im Betrieb bzw. in der Dienststelle ausgefüllt und umgesetzt werden muss. Ziel ist weniger eine Dokumentation für Dritte, z. B. die Aufsichtsbehörde. Vielmehr soll vor allem für Arbeitgeber eine interne Arbeitsgrundlage zur Einschätzung von Gefahren geschaffen werden. Hinsichtlich der Durchführung und Dokumentation der Gefährdungsbeurteilung können wir an dieser Stelle nur auf die Literatur zum Arbeitsschutzrecht verweisen.

8. Kapitel: Die zentrale Rolle der Stellenbeschreibung

In dieser wurde die Ansicht vertreten, der Arbeitnehmer hätte keinen vertraglichen Anspruch auf die Durchführung der Gefährdungsbeurteilung (vgl. Kollmer, Rdnr. 114e). Demgegenüber hat das BAG entschieden, dass Arbeitnehmer nach § 5 Abs. 1 ArbSchG i.V. m. § 618 Abs. 1 BGB einen Anspruch auf eine Beurteilung der mit ihrer Beschäftigung verbundenen Gefährdung haben (BAG Urteil vom 12. August 2008, NZA 2009, S. 102 = ZTR 2008, S. 623). Diese Rechtslage wird für den Sozial- und Erziehungsdienst in § 2 Abs. 3 der Anlage zu § 56 BT-V bzw. der § 53 Abs. 3 BT-B deklaratorisch wiederholt.

Vor diesem Hintergrund ist es sinnvoll, in der Stellenbeschreibung die Durchführung der Gefährdungsbeurteilung zu dokumentieren.

(Richter/Gamisch/Mohr, StB, S. 146 ff.)

8.4 Die tarifkonforme Sprache

8.4.1 Grundlagen

Die Stellenbeschreibung ist im öffentlichen Dienst vor allem Basis für die Eingruppierung. Mit der Frage der überprüfbaren Beschreibung von Aufgaben beschäftigen sich deshalb auch regelmäßig die Arbeitsgerichte.

Aus den Urteilsbegründungen lassen sich wichtige Ansätze entnehmen, wie Tätigkeiten zu beschreiben sind:
1. gegliedert nach Arbeitsschritten, Arbeitsergebnissen und Zusammenhangsarbeiten
2. mit Nennung und Zuordnung der anzuwenden Normen und Vorschriften (zu 1. und 2.: ArbG Braunschweig Urteil vom 1. Juli 1998, Az.: 7 Ca 997/97 E, zit. nach Hofmann/Reidelbach, A 850, XX.)
3. anhand des tatsächlichen Arbeitsablaufs
4. anhand konkreter Beispiele (zu 3. und 4.: ArbG Ludwigshafen Urteil vom 3. Mai 1995, Az.: 2 Ca 2792/94 zit. nach Hofmann/Reidelbach, A 850, XIX.) einschl.
5. Darstellung der Art und Weise der Ausführung
6. Darstellung unterschiedlicher fachlicher Anforderungen
7. Darstellung des zeitlichen Aufwands (zu 5. bis 7.: LAG Niedersachen Urteil vom 25. August 1995, Az.: 16 Sa 2056/94 E, zit. nach Hofmann/Reidelbach, A 850, XV.).

Eine den gerichtlichen Anforderungen entsprechende Stellenbeschreibung beinhaltet also:
a. Gliederung der einzelnen Aufgaben nach Arbeitsvorgängen und deren detaillierte Beschreibung mit (Fach-)Kenntnissen
b. Quantifizierung der einzelnen Arbeitsvorgänge durch Zeitanteile
c. Feststellung des erforderlichen Niveaus der Vorbildung ohne Nennung von Berufen mit unterschiedlicher tariflicher Wertigkeit.

Erst diese Angaben ermöglichen eine Zuordnung der Aufgaben der Stelle zu den Tätigkeitsmerkmalen der zur Anwendung kommenden Entgeltordnung. Da Entgeltordnung eine Vielzahl unterschiedlichster Aufgabenbereiche des öffentlichen Dienstes abdecken soll, sind sie entsprechend abstrakt gehalten. Es handelt sich regelmäßig um unbestimmte Rechtsbegriffe, die nur mit entsprechender Kenntnis der Rechtsprechung und Literatur sachgerecht ausgelegt und angewendet werden können.

8. Kapitel: Die zentrale Rolle der Stellenbeschreibung

▶ Hinweis:

Folglich ist es schwierig, ohne diese Sachkenntnis Stellen im öffentlichen Dienst zielführend zu beschreiben (zur Qualifizierung s. Kapitel 10).

(Richter/Gamisch/Mohr, StB, S. 142 ff.)

8.4.2 Unzulässige Formulierungen

Unzulässig sind
- die (unkommentierte) Verwendung von Wertungen
- zu unbestimmte Tätigkeitsworte und
- die (unkommentierte) Verwendung von Fachbegriffen.

Wertende Adjektive wie bedeutend, besonders, eigen-(verantwortlich), schwierig, selbständig usw. verhindern Feststellungen zum tatsächlichen Grad der Bedeutung, Schwierigkeit oder Selbständigkeit der Aufgaben. Darüber hinaus geben sie in der einen oder anderen Form Tätigkeitsmerkmale der Entgeltordnung wieder.

Zu unbestimmte Tätigkeitsworte wie bearbeiten, mitarbeiten, mitwirken, zuarbeiten lassen nicht erkennen, welchen Anteil der Stelleninhaber an der zu erbringenden Arbeitsleistung konkret hat.

Das „Entschlüsseln" unkommentierter Fachbegriffe führt zu erheblichem Mehraufwand. Ein klassisches Beispiel sind Stellenbeschreibungen aus dem IT-Bereich, in denen regelmäßig Anglizismen dazu führen, das Sinn und Zweck der Tätigkeiten ohne Englischwörterbuch und einem breiten it-technischen Überblick nicht mehr zu verstehen sind.

(Richter/Gamisch/Mohr, StB, S. 164 ff.)

8.4.3 Tarifkonforme Formulierungen

Um die o. g. Formulierungsfehler so weit wie möglich zu minimieren, ist eine einheitliche, wertneutrale und allgemeinverständliche Beschreibung erforderlich.
1. Dabei wird jeder Arbeitsvorgang (bei Tarifbeschäftigten) bzw. jede Tätigkeit (bei Beamten) prozessorientiert vom ersten Arbeitsschritt bis hin zum Endergebnis dargestellt.
2. Die einzelnen Arbeitsschritte innerhalb des Arbeitsvorgangs bzw. der Tätigkeit sind so zu beschreiben, dass auch der Nichtfachmann sie versteht. Fachspezifische Abkürzungen und Begriffe sind zu erläutern.
3. Die Beschreibung der Arbeitsvorgänge bzw. Tätigkeiten mit Arbeitsschritten erfolgt nach diesen Kriterien, die auch maßgeblich für die Stellenbildung sind:
    a. Tätigkeitswort, das die durchzuführende Handlung/Verrichtung konkret definiert
    b. Objekt/Arbeitsgegenstand, auf das sich die Handlung/Verrichtung bezieht
    c. Hilfsmittel, die im Rahmen der Aufgabenerfüllung einzusetzen sind (z. B. Anwendungssoftware)
    d. Schnittstellen zu anderen Stellen (typische Schnittstellen sind: Vorgabe, Kontrolle, Weiterbearbeitung).

8. Kapitel: Die zentrale Rolle der Stellenbeschreibung

Die durchzuführenden Handlungen/Verrichtungen (a) werden durch Verben oder substantivierte Verben beschrieben. In der Literatur (vgl. Richter/Gamisch/Mohr, StB, S. 169 ff. m. w. N.) finden sich entsprechende Beispiele, die in der Praxis gut anzuwenden sind. Sie sind bereits um Fragewörter zur Definition des Objektes/Arbeitsgegenstand (b) ergänzt, auf das sich das Handeln bezieht, z. B.:

(a)	(b)
ablegen	Welche Schriftstücke?
abrechnen	Was, worauf?
analysieren	Welche Tatbestände, Ergebnisse, Abläufe?
zusammenstellen	Welche Unterlagen, Daten?
zusammentragen	Welche Unterlagen?

Beispiele

Personalsachbearbeiter
a. Verfassen
b. von Stellenbeschreibungen
c. auf Basis der gesammelten Informationen
d. und Abstimmung mit den Fachbereichen und Weiterleitung der daraus erstellten endgültigen Fassungen zur Freigabe an die Dienststellenleitung

Bauplaner
a. Bau- und kostentechnische Planung
b. von Umbaumaßnahmen am Verwaltungsgebäude der Hochschule (HOAI: Honorarzone III)
c. anhand der vor Ort festgestellten Mängel an der Bausubstanz
d. und Weiterleitung zur finanzwirtschaftlichen Prüfung und Genehmigung an die Hochschulleitung

(Richter/Gamisch/Mohr, StB, S. 164 ff.)

8.5 Zuständigkeit für die Entwicklung und Aktualisierung von Stellenbeschreibungen

Die Zuständigkeit sollte sich an der dazu erforderlichen fundierten Fachkompetenz:
– im Bewertungsrecht, insbesondere im Hinblick auf die Bildung von Tätigkeiten bzw. Arbeitsvorgängen,
– in der Organisationslehre, hier in Fragen der Stellenbildung und einschlägiger Erhebungstechniken (Beobachtung, Interview, Fragebogen, Selbstaufschreibung)
orientieren.

Und hieran wird das eigentliche Dilemma vieler Dienststellen deutlich. Während die Mitarbeiter der Personalabteilung als Bewertungsspezialisten über fundierte Kenntnisse des Tarifrechts und der analytischen Dienstpostenbewertung verfügen, fehlt es an den erforderlichen Kenntnissen der Organisationslehre. Umgekehrt finden sich in den

8. Kapitel: Die zentrale Rolle der Stellenbeschreibung

Organisationsabteilungen in vielen Fällen kaum Mitarbeiter mit vertieften Kenntnissen im Bewertungsrecht.

▶ Hinweis:

Aufgrund der hohen Anforderungen an die Aktualität der Kenntnisse im Bewertungsrecht als Basis für das rechtssichere Abfassen der Stellenbeschreibungen sollte die Zuständigkeit für die Erstellung von Stellenbeschreibungen in den Personalbereich fallen.

Die Praxis zeigt vielfach, dass dieses Vorgehen praktikabler und wirtschaftlicher ist. (Richter/Gamisch/Mohr, StB, S. 78 ff.)

8.6 Fazit

40. These: Ohne Stellenbeschreibung keine Eingruppierung!

Ein Hauptgrund für (unzulässige) übertarifliche Eingruppierungen bzw. zu hohe Dienstpostenbewertungen sind fehlende Stellenbeschreibungen. Ihre Entwicklung und Einführung ist ein wichtiger Baustein der Personal- und Organisationsentwicklung: Die Abläufe in der Dienststelle können optimiert und Personalkosten gesenkt werden.

Stellenbeschreibungen schaffen Klarheit über die Anforderungen des Arbeitgebers an die Beschäftigten und Beamten. Sie sind ein praktisches und hilfreiches Instrument in der täglichen Personalarbeit: von der Personalbeschaffung und -auswahl, über Beurteilungen und Zielvereinbarungen bis hin zum (Arbeits-)Zeugnis.

Die Vorteile für Dienststellen werden mittel- und langfristig gegenüber den Aufwands- und Einführungskosten überwiegen. Das gilt gerade auch vor dem Hintergrund, dass auch TVöD und TV-L wie der BAT und die anderen Spartentarifverträge des öffentlichen Dienstes tarifkonforme Stellenbeschreibungen erfordern.

Ohne tarifkonforme Stellenbeschreibungen wird die rechtssichere Umgang mit der neuen Entgeltordnung nicht gelingen.

9. Kapitel: Verfahren zur Entwicklung und Aktualisierung von Stellenbeschreibungen im Überblick

Zwei Verfahren finden in der Beratungspraxis – mit Variationen – ihre verstärkte Anwendung um Stellenbeschreibungen zu erstellen:
1. Das Interviewverfahren und
2. Das Training und Coaching der Führungskräfte

9.1 Interview-Verfahren

41. These: Das optimale Verfahren zur Einführung von tarifkonformen Stellenbeschreibungen ist generell das Interview-Verfahren.

Beim Interview-Verfahren werden die Stellenbeschreibungen durch die entsprechenden Fachleute aus der Personal- bzw. Organisationsabteilung unter größt möglicher Einbindung der derzeitigen Stelleninhaber und Führungskräfte entwickelt. Die Besonderheit des Verfahrens besteht im Gegensatz zur noch verbreiteten Praxis darin, dass nicht die Fachabteilungen bzw. die Stelleninhaber selbst Stellenbeschreibungen verfassen, sondern entsprechend personalwirtschaftlich und bewertungsrechtlich ausgebildete Fachleute, um eine vergleichbare Qualität aller Stellenbeschreibungen in der Dienststelle sicherzustellen.

▶ Praxistipp:

Damit trägt die Dienststelle auch am besten den rechtlichen Anforderungen an die Stellenbeschreibung Rechnung (siehe auch BAG Urteil vom 21. März 2012, AP Nr. 322 zu §§ 22, 23 BAT 1975; ZTR 2012, S. 628 ff.

Das Interview als Kernelement dient der Erfassung aller erforderlichen Informationen wie Aufgaben, Einzeltätigkeiten, Fachkenntnisse, Erfahrungen und Befugnisse direkt bei den Stelleninhabern und Führungskräften der einzelnen Organisationseinheiten vor Ort.

Dieses Verfahren ist zudem zu empfehlen, wenn vorher keine Stellenbeschreibungen oder vergleichbare Dokumentationen zur Aufbau- und Ablauforganisation existieren, da die Stelleninhaber und Führungskräfte i. d. R. sehr detailliert Auskunft über die Aufgabengebiete im o. g. Sinne geben können. Gleichzeitig wird die Transparenz des Verfahrens für den Einzelnen erhöht und trägt damit erheblich zur Akzeptanz in der laufenden personalwirtschaftlichen und führungstechnischen Anwendung bei.

(Richter/Gamisch/Mohr, StB, S. 44 ff.)

9. Kapitel Verfahren zur Stellenbeschreibung

9.2 Das Training und Coaching der Führungskräfte

42. These: Als Alternative kann das Training und Coaching der Führungskräfte dienen.

Als Alternative zum Interviewverfahren kann auch der Weg über das Training und Coaching der Führungskräfte gewählt werden.

Bei diesem Verfahren erfolgt die Erstellung der Stellenbeschreibungen durch die Führungskräfte der einzelnen Organisationseinheiten. Um zu sachgerechten und verwertbaren Ergebnissen zu gelangen, werden die Führungskräfte durch entsprechende Fachleute trainiert und gecoacht.

Dieses Verfahren ist im Vergleich zum Interview-Verfahren auch dann zweckmäßig, wenn die Stellenbeschreibungen später nicht personalwirtschaftlich bzw. führungstechnisch genutzt werden, sondern ausschließlich Basis für die Bewertung der Stellen sind. (Richter/Gamisch/Mohr, StB, S. 61 ff.)

9.3 Mischmodelle

43. These: Eine Kombination beider Modelle ist möglich.

Nicht immer und nicht für jede Dienststelle eignet sich nur eines der o. g. Verfahren. Je nach Größe und Aufgabenstellung der Dienststelle kann auch eine Verbindung beider Verfahren sinnvoll sein.

9.4 Was gibt es noch?

In der Literatur(!) wird immer wieder auch die Fragebogentechnik als mögliche Form beschrieben. Diese hat sich in der Praxis nicht bewährt. Die Mitarbeiter fühlen sich häufig überfordert, eine Vielzahl von Fragen zu beantworten, deren Sinn und Zweck sich ihnen nicht immer klar erschließt. Auch begleitende Ein- und Unterweisungen können dies kaum verhindern. Die deshalb erforderlichen Nachfragen sind regelmäßig so umfangreich und zeitintensiv, dass der unmittelbare Einsatz der o. g. Verfahren insgesamt wirtschaftlicher ist.

9.5 Qualifizierung

Für beide Verfahren ist eine Qualifizierung der Mitarbeiter erforderlich (s. Kapitel 10).

9.6 Der Einstieg: Vorgehen im Überblick

Unabhängig von der Wahl des Verfahrens gilt es zunächst ein paar grundsätzliche Fragen zu klären. Erst dann kann eine Entscheidung zum konkreten Verfahren getroffen werden.

9. Kapitel Verfahren zur Stellenbeschreibung

Verfahrensunabhängige Vorbereitung
1. Festlegung der Ziele *(Für welche Zwecke sollen die Stellenbeschreibungen eingesetzt werden?)* und daraus abgeleitet 2. Festlegung von Aufbau und Umfang des Stellenbeschreibungsformulars 3. Bestimmung der Anzahl der zu beschreibenden Stellen

Interview-Verfahren	Training und Coaching der Führungskräfte
1. Festlegen der Reihenfolge der Untersuchung der einzelnen Organisationseinheiten 2. Festlegen der internen Aufgabenverteilung in der Personalabteilung 3. Information der Stelleninhaber und Führungskräfte über das Verfahren 4. inhaltliche und organisatorische Vorbereitung der Interviews 5. Durchführung der Interviews bei den Organisationseinheiten vor Ort 6. Auswertung der Interviews und Erstellen von Stellenbeschreibungsentwürfen 7. Abstimmung der Stellenbeschreibungsentwürfe mit den Organisationseinheiten 8. Ausfertigen der Stellenbeschreibungen in den endgültigen Stand 9. In-Kraft-Setzen und Veröffentlichen der Stellenbeschreibungen	1. Information der Führungskräfte über das Verfahren 2. Training der Führungskräfte im Erstellen von Stellenbeschreibungen durch in- oder externe Fachkräfte 3. Erstellen der Stellenbeschreibungen durch die Führungskräfte 4. Prüfen der Stellenbeschreibungen durch die Personalabteilung 5. Abstimmung der personalwirtschaftlichen und tarifrechtlich erforderlichen Änderungen mit den zuständigen Führungskräften 6. Ausfertigen der Stellenbeschreibungen in den endgültigen Stand

(Quelle: IPW – Institut für PersonalWirtschaft GmbH)

9.7 Fazit

Aus unserer Beratungspraxis heraus empfehlen wir das Vorgehen über Stelleninterviews. In jedem Fall bildet eine hinreichende Qualifizierung die Grundlage.

10. Kapitel: Qualifizierung

44. These: Die Mitarbeiter, die die Einführung der neuen Entgeltordnung vorbereiten, müssen über eine hinreichende Qualifizierung verfügen.

45. These: Das gilt nicht nur für die Beschäftigten der Personal- und/oder Organisationsabteilung. Ebenso müssen die zuständigen Fachvorgesetzten über ein Mindestwissen verfügen.

10.1 Das Lernen des Einzelnen ...

Die Einführung der neuen Entgeltordnung stellt hohe Anforderungen an die Mitarbeiter der Bereiche Personal und Organisation, die den Grundstein für die Anwendung des neuen Eingruppierungsrechts legen sollen. Gleiches gilt für die Personal- und Betriebsräte, die ihre Mitbestimmungsrechte verantwortlich wahrnehmen wollen. Entscheidet sich der Arbeitgeber gegen die Durchführung von Stelleninterviews und für die Einführung von tarifkonformen Stellenbeschreibungen im Wege des sog. Coaching-Verfahrens, stehen vor allem die Führungskräfte vor einer gewaltigen Aufgabe.

▶ Hinweis:

Ohne Qualifizierung wird es nicht gehen!

In diesem Zusammenhang ist zu bedenken, dass der TVöD-VKA das Lernen tariflich geregelt hat.

> „Ein hohes Qualifikationsniveau und lebenslanges Lernen liegen im gemeinsamen Interesse von Beschäftigten und Arbeitgebern. Qualifizierung dient der Steigerung von Effektivität und Effizienz..., der Nachwuchsförderung und der Steigerung von beschäftigungsbezogenen Kompetenzen. Die Tarifvertragsparteien verstehen Qualifizierung auch als Teil der Personalentwicklung."

Diese – wenig beachteten? – Worte stammen nicht etwa aus einem aktuellen Handbuch der Personalwirtschaft oder dem Konzeptpapier einer Personalabteilung zum Thema Personalentwicklung, sondern aus dem geltenden Tarifrecht (§ 5 Abs. 1 TVöD-VKA). (Richter/Gamisch/Mohr, StB, S. 26 ff.; Richter/Gamisch, AuA 2007, S. 95 ff.)

10.2 ... und die Lernende Organisation

Der öffentliche Dienst ist damit eine der ersten volkswirtschaftlich bedeutsamen Branchen, die (Weiter-)Bildung tarifvertraglich regelt. Schon lange wird das „lebenslange Lernen" als Überlebensstrategie des Einzelnen am (Arbeits-)Markt propagiert (siehe Richter/Brüggemann, AuA 8/2003, S. 28). Auch für Dienststellen und Betriebe der öffentlichen Verwaltungen wird (organisiertes) Lernen immer wichtiger: Die Arbeitsbedingungen haben sich in den zurückliegenden Jahrzehnten derart rasant verändert, dass

10. Kapitel: Qualifizierung

Weiterbildung einen wesentlichen Bestandteil der Existenzsicherung der Organisation darstellt. Entscheidend ist ein Gesamtkonzept: Die „Lernenden Organisation".

Diese Idee löst sich von der traditionellen Sichtweise, dass nur Einzelne lernen können. Ein Unternehmen bzw. eine Verwaltung ist nicht nur eine einfache Maschine, die beherrscht, prognosefähig, exakt planbar ist und sich darüber hinaus beliebig steuern lässt. Der moderne systemtheoretische Ansatz geht vielmehr davon aus, dass soziale Systeme wie Organisationen – Unternehmen und Verwaltungen – auf sehr komplexe Art und Weise funktionieren und nicht auf einfache Steuerungsmechanismen reduziert werden können. „Lernende Organisationen" sind demgegenüber

> „Organisationen, in denen die Menschen kontinuierlich die Fähigkeit entfalten, ihre wahren Ziele zu verwirklichen, in denen neue Denkformen gefördert und gemeinsame Hoffnungen freigesetzt werden, Organisationen also, in denen Menschen lernen, miteinander zu lernen."

(s. Senge 2011, S. 13)

▶ Hinweis:

Lernen ist dabei mehr als die Lernanstrengung Einzelner!

Um die Vision eines „Lernenden Unternehmens" bzw. einer „Lernenden Verwaltung" umsetzen zu können, müssen verschiedene, elementare Voraussetzungen geschaffen werden: eine gemeinsame Vision (Sinnstiftung), ein positives Menschenbild und damit verbunden Anerkennung der Fähigkeiten des Mitarbeiters, eine Verschlankung des Systems sowie das Systemdenken als wichtigster Punkt.
(Einführend Richter/Kaufmann, AuA 1/2004, S. 30 ff.; vertiefend Arnold/Bloh, Personalentwicklung im lernenden Unternehmen, Baltmannsweiler 2011; vertiefend Arnold, Das Santiago-Prinzip – Systemische Führung im lernenden Unternehmen, Baltmannsweiler 2009)

10.3 Der rechtliche Rahmen des § 5 TVöD-VKA ...

Der rechtliche Rahmen wird bereits jetzt mit § 5 TVöD-VKA gesteckt. Diese Vorschrift zwingt den Arbeitgeber im Grunde, (ein Minimum an) Personalentwicklung ein- bzw. durchzuführen. Durch den Tarifvertrag wird (Weiter-)Bildung rechtlich verankert, obwohl entgegen einer weit verbreiteten Ansicht kein genereller „Anspruch auf Bildung" existiert. Auf der anderen Seite sehen sich Beschäftigte mit immer neuen und unter Umständen wachsenden Anforderungen am Arbeitsplatz konfrontiert.

Vor diesem Hintergrund geht die Rechtsprechung davon aus, dass Arbeitnehmer grundsätzlich verpflichtet sind, eine neue vom Arbeitgeber angeschaffte Maschine zu bedienen und sich das erforderliche Wissen (durch Schulung) anzueignen (LAG Hamm Urteil vom 8. Juni 1994, Az.: 14 Sa 2054/93, LAGE Nr. 20 zu § 611 BGB Direktionsrecht).

Der Arbeitgeber hat ein dementsprechendes Weisungs- bzw. Direktionsrecht gem. § 106 GewO, die Bedienung der Maschine und die Teilnahmen an Schulungen anzuordnen.

10. Kapitel: Qualifizierung

Diese Aussage gilt entsprechend für die Beschäftigung mit den Voraussetzungen, der Umsetzung und den Auswirkungen der neuen Entgeltordnung.

▶ **Hinweis:**
Aus dem Direktionsrecht des Arbeitgebers folgt umgekehrt seine Fürsorgepflicht gem. § 241 Abs. 2 BGB, den Mitarbeiter zu schulen:

> „Gehören die Arbeiten, die dem Arbeitnehmer übertragen werden sollen, zu seinem Berufsbild, verfügt er aber wegen der Entwicklung neuer Techniken nicht über die erforderlichen Fähigkeiten und Kenntnisse, kann der Arbeitgeber zur Vorbereitung auf die Arbeit auch eine entsprechende Schulung verlangen. Ergänzt wird das Direktionsrecht von Treu und Glauben, der Fürsorgepflicht des Arbeitgebers, der seine betrieblichen Entscheidungen auch unter Berücksichtigung der Belange des Arbeitnehmers zu treffen hat (§ 315 BGB).... . Schon aufgrund seiner Fürsorgepflicht hat dieser dafür zu sorgen, dass auch ältere Mitarbeiter geschult werden, um nicht den Anschluss an die technische Entwicklung zu verlieren und möglicherweise sogar ihren Arbeitsplatz riskieren, weil sie mit den neu eingeführten Systemen nicht umgehen können."

(ArbG Bonn Urteil vom 4. Juli 1990, Az.: 4 Ca 751/90)

Ändert der Arbeitgeber also den Inhalt der geschuldeten Arbeitsleistung wesentlich, korrespondiert damit zunächst die arbeitsvertragliche Nebenpflicht des Arbeitgebers, den Mitarbeiter (vor Ausspruch einer Kündigung) entsprechend einzuarbeiten und verbindlich zu schulen. Der Arbeitgeber muss dem Mitarbeiter zwar keine Umschulung im bildungsrechtlichen Sinne ermöglichen, aber konkrete Schulungs- und Einarbeitungsangebote einräumen und anbieten. Jedenfalls reicht es nicht aus, allgemeine und unverbindliche die Kenntnis erweiternde Informationen „in den Betrieb zu streuen".

(vgl. LAG Schleswig-Holstein Urteil vom 19. September 2007, Az.: 3 Sa 218/07, zit. nach www.personalpraxis24.de)

Die tarifvertraglichen Regelungen des § 5 TVöD-VKA setzen an diesem Punkt an: Denn in Zeiten knapper Kassen wird zum Teil an Bildungsmaßnahmen gespart. Damit geht der Trend zur „freiwilligen Samstagsschulung" umher, bei der Mitarbeiter ohne Vergütungsanspruch an Qualifizierungsmaßnahmen teilnehmen (müssen).

In diesem Zusammenhang beschränken sich Qualifizierungsmaßnahmen nicht auf die Vermittlung von Fachkompetenz. § 5 TVöD-VKA nennt ausdrücklich auch die Fortentwicklung der methodischen und sozialen Kompetenzen, um die erforderliche Handlungskompetenz sicherzustellen.

Dementsprechend bestimmt § 1 Abs. 3 S. 1 BBiG:

> „Die Berufsausbildung hat die für die Ausübung einer qualifizierten beruflichen Tätigkeit in einer sich wandelnden Arbeitswelt notwendigen beruflichen Fertigkeiten, Kenntnisse und Fähigkeiten (berufliche Handlungsfähigkeit) ... zu vermitteln."

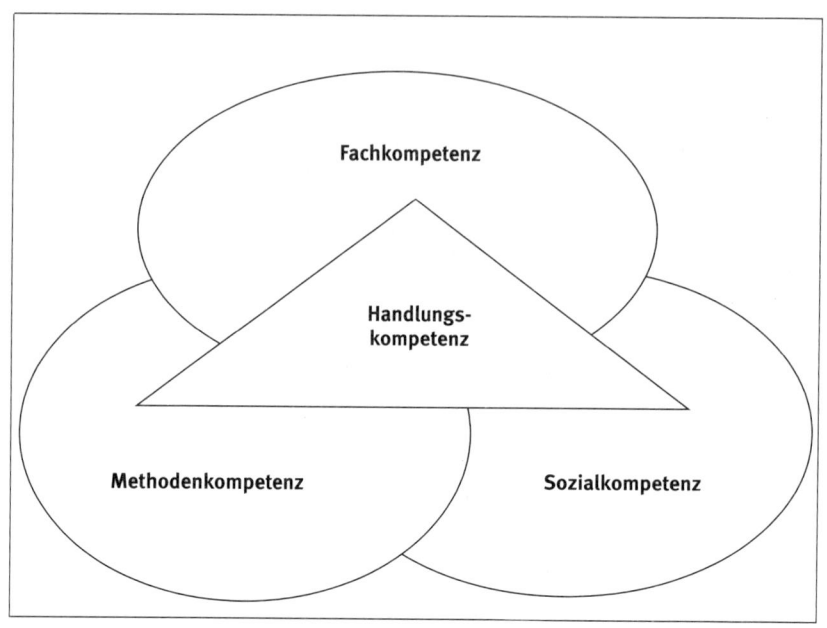

10. Kapitel: Qualifizierung

```
        Fachkompetenz

        Handlungs-
        kompetenz

Methodenkompetenz        Sozialkompetenz
```

(Quelle: IPW – Institut für PersonalWirtschaft GmbH)

▶ Hinweis:

Die Vorschrift des § 5 TVöD-VKA gibt Arbeitnehmern keinen einklagbaren Anspruch auf (Weiter-)Bildungsmaßnahmen. Sie können lediglich ein regelmäßiges, mindestens jährliches Gespräch mit der Führungskraft einfordern. Gesprächsgrundlage ist die aktuelle Stellenbeschreibung.

(Einführend Richter/Kaufmann, AuA 1/2004, S. 30 ff.; vertiefend Arnold/Bloh, Personalentwicklung im lernenden Unternehmen, Baltmannsweiler 2011; vertiefend Arnold, Das Santiago-Prinzip – Systemische Führung im lernenden Unternehmen, Baltmannsweiler 2009; zum personalwirtschaftlichen beziehungsweise betriebspädagogischem Begriff der Schlüsselqualifikationen: siehe einführend Mentzel, Personalentwicklung, 2012, S. 172)

10.4 ... und die Vorbereitung der neuen Entgeltordnung

10.4.1 Die Fürsorgepflicht

Unabhängig von der tarifvertraglichen Regelung kann der Beschäftigte also verlangen, dass er das für die Einführung der neuen Entgeltordnung erforderliche „Rüstzeug" vermittelt bekommt.

10. Kapitel: Qualifizierung

▶ Hinweis:

Der Arbeitgeber verfolgt mit Schulungen zum Thema neue Entgeltordnung ein eigenes Interesse: die Fehlervermeidung.

Die Vorbereitung bzw. Einführung des neuen Eingruppierungsrechts eröffnet die Möglichkeit, alte Fehler zu beseitigen (z. B. fehlende oder veraltete Stellenbeschreibungen, ggf. ohne Beachtung der tarifrechtlichen Bestimmungen usw.) oder von Anfang an ein tarifkonformes (!), vielseitig einsetzbares und somit effizientes System der Stellenbeschreibung zu verankern. Kosten, die Schulungen verursachen, ersparen „Lehrgeld".

▶ Hinweis:

Schulung ist antizipierende Beratung!

Sinnlose Reibereien mit dem Personal- bzw. Betriebsrat und Beschäftigten stören und bringen ihrerseits Kosten mit sich, spätestens beim Arbeits- bzw. Verwaltungsgericht. Erfolgversprechend ist demgegenüber ein konstruktiver Umgang mit Widerständen (vgl. Richter/Gamisch/Mohr, StB, S. 73 ff.).

10.4.2 Wi(e)der die Beamershow!?

Entgegen dem Trend sollten sich Arbeitgeber nicht auf „Low Budget-Schulungen" versteifen. Lernen nach dem sog. Nürnberger Trichter wird keinen Erfolg haben. So wie eine Organisation keine triviale Maschine ist, die beherrscht und gesteuert werden kann, können Lernerfolge nicht – in kürzester Zeit – „erzeugt" werden. In der modernen Erwachsenenbildung bzw. Personalentwicklung spricht man in diesem Zusammenhang von der „Erzeugungsdidaktik", die keinen nachhaltigen Erfolg haben wird. Nach einer „Beamershow" im Schnell-Vortrag („200 Bilder in zwei Stunden": Aussage eines Seminarteilnehmers zu einer Veranstaltung zur Umstellung vom BAT auf den TVöD) wird der Mitarbeiter sicherlich nicht in der Lage sein, erfolgreich die neuen Eingruppierungsregeln vorzubereiten, einzuführen und umzusetzen. Den Gegenpol zur sog. Erzeugungsdidaktik bildet die „Ermöglichungsdidaktik".

10. Kapitel: Qualifizierung

Erzeugungs- und Ermöglichungsdidaktik

```
                    Vermittlung von
                    Handlungskompetenz
                    ↓                           ↓
        Übermittlung                        Aneignung

   Input → Mitarbeiter → Output  ⇔  Input → Mitarbeiter → Output
                                            Mitarbeiter
                                            Mitarbeiter
              ↓                                 ↓
         Maschinenmodell                    Systemmodell
              ↓                                 ↓
        Erzeugungsdidaktik                Ermöglichungsdidaktik
```

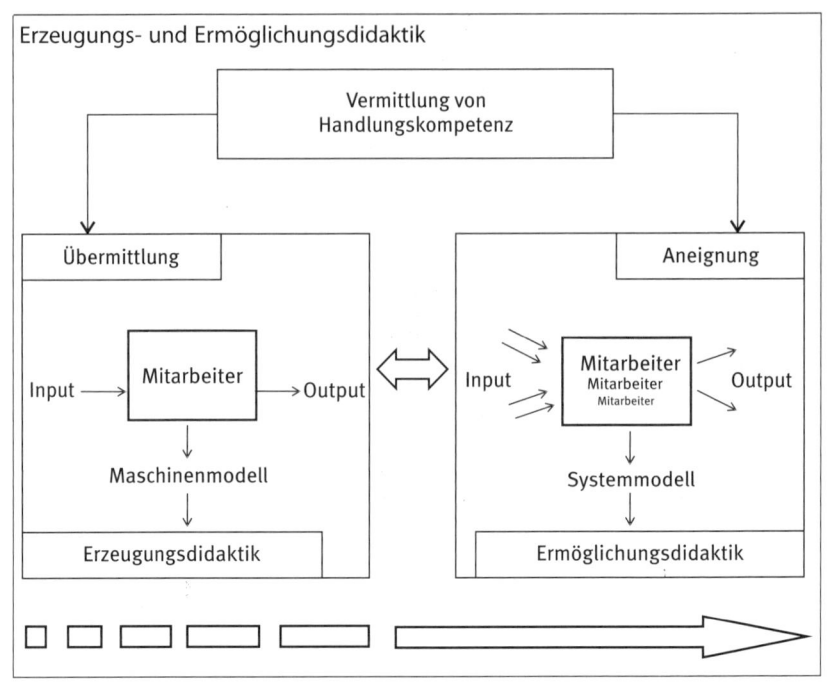

(Quelle: IPW – Institut für PersonalWirtschaft GmbH)

Zentraler Begriff einer zeitgemäßen Ermöglichungsdidaktik ist die „Aneignung". Darunter versteht man einen Wechsel der Perspektive: D. h.
- den Abschied von der Vorstellung, dass der Referent, Dozent bzw. Trainer etwas „mechanisch-trivial" vermittelt und ...
- die Hinwendung zu einem breiten Aneignungsspektrum, das sich aus dem Lehrvortrag, Lehrgespräch, praktischen Übungen in (Klein-)Gruppen bis hin zum selbst gesteuerten Lernen (am Arbeitsplatz) zusammensetzt (vgl. Gröner/Fuchs-Brüninghoff, Stichwort Aneignung, S. 18).

> „Ziel ist ein „selbständiger Prozess der aktiven Auseinandersetzung mit neuen Sichtweisen, neuen Erklärungen und Interpretationen", der sich vom „beschulen, belehren oder ›abrichten‹„ unterscheidet."

(Arnold, Weiterbildung, München 1996, S. 146 und 147)

Sicherlich müssen die betriebswirtschaftlichen Möglichkeiten und Grenzen beachtet werden. Die betriebliche Weiterbildungsmaßnahme wird wegen der finanziellen und zeitlichen Rahmenbedingungen niemals „ideale" Ermöglichungsdidaktik darstellen, sondern stets Elemente der Erzeugungsdidaktik aufweisen. Es geht nicht um die Verwirklichung von idealen Modellen, sondern um ergebnisorientierte Hilfe für den Mitarbeiter.

10. Kapitel: Qualifizierung

(Arnold/Krämer-Stürzl/Siebert, Dozentenleitfaden, Berlin 2011; Döring, Handbuch Lehren und Trainieren in der Weiterbildung, Weinheim/Basel 2008; Siebert, Didaktisches Handeln in der Erwachsenenbildung, Hergensweiler 2012)

10.4.3 Die Qualität der Schulung

Zielführend sind nur Schulungen, die möglichst viel von dem verwirklichen, was „Ermöglichungsdidaktik" genannt wird.

▶ Hinweis:

Dazu gehören zunächst:
- kleine Seminargruppen (maximal 16–18 Teilnehmer)
- Lehrgespräch statt Lehrvortrag
- Übungsmöglichkeiten in Kleingruppen
- Zeitressourcen für Diskussionen und konkrete Nachfragen des Einzelnen
- Rückfragemöglichkeiten nach dem Seminar.

Wegen dieser Anforderungen sind eintägige Seminare („Schnellbesohlung") eine verlorene Investition. Für eine seriöse Schulung zu den Themen Stellenbeschreibung und Eingruppierung werden jeweils zweitägige Seminare (à 16 Unterrichtseinheiten = 12 Zeitstunden) erforderlich sein. Damit Mitarbeiter (rechts-)sicher Stelleninterviews durchführen können, sollte zusätzlich in eine eintägige Maßnahme (8 Unterrichtseinheiten = 6 Zeitstunden) investiert werden, was bei Annahme der tarifvertraglichen Grundkenntnisse vollkommen ausreichend ist. Überzogen und unangemessen erscheinen die Angebote mancher Schuler, die unter drei bis fünf Tagen Schulungsdauer für das einzelne Thema (für Personal- und Betriebsräte) nicht auskommen.

Darüber hinaus müssen die eingesetzten Trainer bestimmte Voraussetzungen erfüllen:
- Zwingend sind detaillierte und aktuelle Kenntnisse der Organisationslehre und des einschlägigen Tarifrechts,
- ... wie sie in einem Studium der Betriebswirtschaftslehre, Verwaltungswissenschaft bzw. Rechtswissenschaft vermittelt werden oder durch einschlägige Berufserfahrung erworben wurden,
- Kenntnisse der Didaktik,
- ... wie sie in der Ausbilderprüfung (gem. Ausbilder-Eignungsverordnung), einer (seriösen) Trainerausbildung bzw. einem pädagogischen Studium vermittelt werden,
- ... und – idealerweise – einschlägige Beratungserfahrung im Eingruppierungsrecht sowie Berufspraxis im Prozessrecht vor Arbeits- bzw. Verwaltungsgerichten.

▶ Hinweis:

Das gilt sowohl für interne als auch externe Schuler und Berater!

(Arnold/Krämer-Stürzl/Siebert, Dozentenleitfaden, Berlin 2011; Döring, Handbuch Lehren und Trainieren in der Weiterbildung, Weinheim/Basel 2008; Siebert, Didaktisches Handeln in der Erwachsenenbildung, Hergensweiler 2012; Weber, PersR 2009, S. 489 ff.)

10. Kapitel: Qualifizierung

10.5 Die Einbindung in das Gesamtsystem

46. These: Die Aktivitäten müssen in ein Personal- und Organisationsentwicklungskonzept eingebunden werden und können ideal mit dem leistungsorientierten Entgelt gem. § 18 TVöD-VKA verknüpft werden!

Das „Projekt" neue Entgeltordnung sollte in ein Gesamtsystem eingebettet werden. Denn Schnittstellen bestehen insbesondere zum leistungsorientierten Entgelt.

„Ohne Stellenbeschreibung ist Beurteilung sinnlos."

(zit. nach Breisig, S. 123).

Die Übertragung von Aufgaben zur Vorbereitung und Einführung der neuen Entgeltordnung eignet sich z. B. hervorragend zur Bildung von Zielen und zur Vereinbarung von Zielvereinbarungen im Zusammenhang mit dem leistungsorientierten Entgelt gem. § 18 TVöD-VKA.

Zielvereinbarungen können insbesondere folgende Inhalte haben:
- Durchführung interner Schulungen zu den Themen ...
- Einführung tarifkonformer Stellenbeschreibungen
- Entwicklung eines spezifischen tarifkonformen Formulars für Stellenbeschreibungen
- ...und/oder Dienstpostenbeschreibungen
- Einführung des Instruments des Stelleninterverwies
- Konzeption einer Dienst-/Betriebsvereinbarung zur Einführung von (Projekt-) Gruppenarbeit oder
- einer Geschäftsordnung für eine Stellenbewertungskommission usw.

10.6 Die Arbeitnehmervertretung

Diese Aussagen gelten entsprechend für die Schulung des Personal- bzw. Betriebsrats (zu den Einzelheiten s. Kapitel 14).

10.7 Fazit

Die zielgerichtete Qualifizierung bildet das Fundament für die erfolgreiche Vorbereitung und Einführung der neuen Entgeltordnung. Abstriche bei der Weiterbildung führen zu einem Bumerang-Effekt: Vermeintliche Einsparungen verwandeln sich in verlorene Investitionen.

11. Kapitel: Das Stelleninterview

11.1 Begriffsbestimmung

Ein Interview ist eine Gesprächssituation zwischen zwei oder mehreren Personen, die Gelegenheit zum Austausch arbeits- und organisationsbezogener Information bietet (vgl. Schuler, S. 209).

Im Stelleninterview geht es dabei um einen sehr speziellen Inhalt:

Das Stelleninterview ist ein Gespräch des Bewerters ... mit dem Arbeitsplatzinhaber über die auszuübenden Tätigkeiten. Konkret geht es um die Anforderungen, die an den Angestellten bei der Erledigung der auszuübenden Tätigkeit gestellt werden (vgl. Krasemann, 12. Kapitel, Rdnr. 297).

47. These: Das Stelleninterview ist die beste Methode, die notwendigen Informationen zu erfassen.

Das Stelleninterview dient also der unmittelbaren Erfassung aller zum Verfassen einer Stellenbeschreibung erforderlichen Informationen, wie
- Aufgaben
- Einzeltätigkeiten
- Fachkenntnisse
- Erfahrungen
- und Befugnisse

beim Beschäftigten selbst.

(Richter/Gamisch/Mohr, StI, S. 14)

11.2 Der Anwendungsrahmen

Die über das Interview gewonnenen Informationen bilden die Grundlage für die Stellenbeschreibung.

48. These: Das Stelleninterview wird in unterschiedlichen Situationen eingesetzt.

Die Anlässe dafür sind vielfältig. Neben der Einführung einer neuen Entgeltordnung beruhen sie regelmäßig auf organisatorischen und/oder personellen Veränderungen:

organisatorisch	personell
Neuschaffung einer Stelle	Einstellung eines Beschäftigten
Aufgabenverlagerungen	Um- bzw. Versetzung
Aufgabenänderungen (inhaltlich, umfänglich)	Antrag auf Höhergruppierung
Einführung leistungsorientierter Entgeltsysteme	Leistungsmessung und -bewertung

11. Kapitel: Das Stelleninterview

Hinzu kommt, dass auch in Folge von Beanstandungen, sei es durch die Gemeindeprüfungsanstalten, die Innenrevision oder klagende Arbeitnehmer, Stellenbeschreibungen erstellt oder aktualisiert werden müssen.

11.3 Personalwirtschaftliche Grundlagen

49. These: Die personalwirtschaftlichen Grundlagen sind zu beachten.

11.3.1 Das System

Die Neuregelungen des TVöD-VKA verdeutlichen insbesondere in den § 5 (Qualifizierung), § 18 TVöD-VKA (Leistungsentgelt) sowie in Neuregelungen im Sozial- und Erziehungsdienst (Gesundheitsschutz), dass die Tarifvertragspartner moderne Managementmethoden einführen wollen. Im Rahmen dieses Veränderungsprozesses bildet eine erfolgreiche Kommunikation ein wesentliches Element. In diesem Zusammenhang steht auch das Stelleninterview.

(Schäfer, Kommunales Change-Management: Strategien für Reformen im öffentlichen Dienst, Berlin 2011)

11.3.2 Kommunikationsgrundlagen ...

Im Rahmen des Stelleninterviews tauschen Interviewer und Beschäftigter Informationen aus, sie kommunizieren (vgl. Richter/Gamisch/Mohr, StI, S. 26 ff. m. w. N.). Das ist ein sehr alltäglicher aber zugleich auch komplexer Vorgang. Was nicht wenige – eventuell juristisch geprägte – Praktiker unterschätzen.

So wird die Kommunikation im Stelleninterview gern auf die rein sachliche Ebene beschränkt:
– „Man muss nur vernünftig über Sachfragen reden, dann kommt man auch zu einem Ergebnis."
– „Und nach der Rechtsprechung des Bundesarbeitsgerichts kann es nur ein richtiges Ergebnis geben!"

Dabei besteht die Kommunikation aus mehr als nur der Sachebene. Die Literatur hat zur Beschreibung dieser Kommunikationsebenen ihre eigene „Sprache" entwickelt. Basis ist der Kommunikationsvorgang an sich: Der Sprecher (= „Sender") übermittelt dem Zuhörer (= „Empfänger") Informationen (= „Nachrichten"). Die gesendete Nachricht kann man sich als Paket unterschiedlicher ausgesprochener und unausgesprochener Mitteilungen (= „Botschaften") vorstellen. Zur Klassifizierung und Beschreibung dieser Botschaften hat sich die sehr plastisch ausgearbeitete Theorie der „vier Aspekte einer Nachricht" durchgesetzt. Nach dieser Theorie bestehen Nachrichten aus diesen vier Aspekten:

11. Kapitel: Das Stelleninterview

Klassifizierung	Beschreibung ...
Sachaspekt	... des objektiven Sachverhalts
Beziehungsaspekt	... des Verhältnisses zwischen Sender und Empfänger
Selbstoffenbarungsaspekt	... der Lage, in der sich der Sender befindet
Appellaspekt	... einer Aufforderung an den Empfänger

Da alle vier Aspekte die gleiche Bedeutung für den Sender besitzen, spricht die Literatur vom sog. Nachrichtenquadrat. Doch die so gesendeten Nachrichten kommen in der Regel nicht in der gleichen Weise beim Empfänger an. Je nachdem, welcher Aspekt vom Empfänger stärker wahrgenommen wird, können Missverständnisse auftreten:

Beispiel:

Der Sender ...	Der Empfänger ...
... fragt nach erforderlichen Fachkenntnissen (= Sachaspekt).	... hört, dass er an seiner bevorstehenden Herabgruppierungen mitwirken soll (= Appellaspekt).
... erklärt die Bedeutung der selbständigen Leistung (= Sachaspekt).	... empfindet, dass er belehrt wird (= Beziehungsaspekt).

(siehe Richter/Gamisch/Mohr, StI, S. 27)

Verstärkt werden können diese Missverständnisse durch nonverbale Kommunikation. Nonverbal bezeichnet den mit dem gesprochenen Wort verbundenen Ausdruck und die Körpersprache. Der Kommunikationsvorgang ist also sehr komplex:

Kommunikation ...

1... . Verbale	2... . Non-verbale	3... . Non-verbale
= Wort,	= Wie,	= Körpersprache
was gesprochen wird (sog. semantischer Gehalt des Wortes)	gesprochen wird (sog. paralinguistische Ebene)	

Kommunikation ...

1... . Verbale	2... . Non-verbale	3... . Non-verbale
Beispiel:	Beispiel:	Beispiel:
„Welche Kommentare und Fachliteratur lesen sie täglich?"	„Welche ›Kommentare‹ und ›Fachliteratur‹ lesen sie täglich?" (›...‹ = abfällig gesprochen)	„Welche Kommentare und Fachliteratur lesen sie täglich?" (Sender wendet sich bei der Frage ab und sucht in seiner Aktentasche nach etwas.)

(siehe Richter/Gamisch/Mohr, StI, S. 29)

11. Kapitel: Das Stelleninterview

Neben möglichen Missverständnissen beim Empfänger können Informationen („Botschaften") einer Nachricht auch ganz verloren gehen. Die Literatur beschreibt das Phänomen modellhaft als „Informationsverlusttreppe" (Modell nach Shannon & Weaver, s. Gehm, S. 30).

(Gehm, Kommunikation im Beruf, Weinheim/Basel 2006)

11.3.3 ... und deren praktische Umsetzung

Um mögliche Missverständnisse in der Kommunikation so weit wie möglich zu minimieren, ist eine gezielte Fragetechnik unerlässlich (in Anlehnung an Brunner, S. 26 ff.; vertiefend Richter/Gamisch/Mohr, StI, S. 38 ff. m. w. N .).

	Frageform	Fragezweck	Beispielfragen
Befragungsbeginn	offen	sammeln	Was entscheiden Sie?
	öffnend	eingrenzen	Welcher Spielraum verbleibt bei der Entscheidung...?
	sondieren		
	schließend	präzisieren	Wie entscheiden Sie (konkret) bei der Frage...?
Befragungsende	geschlossen	zusammenfassen/prüfen	Haben Sie das Letztentscheidungsrecht im Konfliktfall?

(Quelle: IPW – Institut für PersonalWirtschaft GmbH)

Die Reihenfolge der Fragen funktioniert wie ein Trichter. Die Literatur spricht von einem sog. Fragetrichter. Er bildet die Fragestruktur im Gesprächsverlauf ab. Am Anfang sind die Fragen offen. Der Interviewer weiß noch wenig, so steht die Informationsbeschaffung im Vordergrund. Je mehr Informationen der Interviewer im weiteren Gesprächsverlauf gesammelt hat, um so eher kann der diese systematisieren, plausibilisieren und zusammenfassen.

Die dabei gut einzusetzenden Frageformen (s. o.), lassen sich nach dem Antwortspielraum gliedern.

Kennzeichen der offenen Frage ist ihr großer Antwortspielraum und -umfang, der durch eine mit einem „W" beginnende Frage (sog. W-Fragetechnik) erreicht wird:

11. Kapitel: Das Stelleninterview

- was
- welche
- wie
- weshalb
- wozu usw.

Der Befragte ist unbeeinflusst von vorgegebenen Antwortmöglichkeiten.

Die öffnende Frage schränkt die Antwortmöglichkeiten ein, in dem sie eine bestimmte Richtung vorgibt.

Die schließende Frage gibt darüber hinaus nicht nur die Richtung möglicher Antworten vor, sondern auch das Thema.

Den kleinsten Antwortspielraum bietet die geschlossene Frage. Der Gefragte kann nur zwischen Zustimmung („Ja") und Ablehnung („Nein") wählen.

Zusätzlich zu diesen Grundformen gibt es noch viele spezielle Fragetypen, die sich zwischen den Grundformen bewegen (vertiefend Richter/Gamisch/Mohr, StI, S. 41 ff. m.w.N.). Dabei sind alle Frageformen zu vermeiden, die dem Beschäftigten nicht ausreichend Zeit und Raum zur Beantwortung lassen oder die passende Antwort gleich selbst liefern (Suggestivfragen). Sie führen zu Widerstand, was bis zum Abbruch des Interviews und damit zu dessen Misserfolg führen kann.

Die Gesprächsführung sollte statt dessen geprägt sein durch persönliche Ansprache des Beschäftigten (keine Passivformulierungen) mit kurzen und präzisen Fragestellungen, wobei der Interviewer seine Fragen nacheinander stellt, jeweils bezogen auf einen konkreten Aspekt der Tätigkeit.

(Richter/Gamisch/Mohr, StI, S. 38 ff.)

11.4 Vorbereitung und Durchführung der Interviews

50. These: Die Vorbereitung und Durchführung der Interviews muss sorgsam geplant werden.

11.4.1 Vorbereitung

11.4.1.1 Anzahl der Interviewer

Das ist eine Frage nach Kosten und Kompetenz. Hebt man die Kostenseite hervor, ist der Einzel-Interviewer zu bevorzugen. Um die Ergebnisse des Stelleninterviews erfolgreich verwerten zu können, sollte aber die Kompetenzfrage wichtiger sein. So ist der Einzel-Interviewer nur dann einzusetzen, wenn er entsprechend eingruppierungsrechtlich und organisatorisch qualifiziert ist. Hingegen können durch den Einsatz mehrer Interviewer die erforderlichen Kompetenzen besser abgedeckt werden. Sie müssen sich nicht auf eine Person konzentrieren. Um solche Synergien effektiv zu nutzen, ist eine geeignete Aufgabenteilung festzulegen:

11. Kapitel: Das Stelleninterview

1. Die Vorbereitung des Interviews übernehmen alle gemeinsam.
2. Für das Interview selbst sollten die Rollen im Interview-Team aufgeteilt werden: Ein Interviewer übernimmt die Rolle des Gesprächsführers und ein anderer die Rolle des Protokollführers.

Eine solche Aufteilung sollte aber nicht als statisches Gebilde aufgefasst werden. Vielmehr ist die Rollenverteilung situationsbedingt anzupassen: Stellt sich beim vorab benannten Gesprächsführer im Dialog mit dem Beschäftigten keine konstruktive Gesprächsatmosphäre ein, kann der andere Interviewer nach und nach über Zwischenfragen und -erläuterungen diese Rolle übernehmen. So ist der Erfolg des Interviews auch auf der Kommunikationsebene besser abgesichert.

▶ Hinweis:

Aus praktischen und kostentechnischen Erwägungen sollte sich ein Interview-Team auf zwei Personen beschränken, da sich beim Einsatz mehrerer Interviewer die Bearbeitungszeiten regelmäßig nur minimal reduzieren.
(vgl. Richter/Gamisch/Mohr, StI, S. 22 ff. m. w. N.)

11.4.1.2 Materialsammlung und -analyse

Mit ihr verschafft sich der Interviewer einen Überblick und ein Grundverständnis für den fachlichen und organisatorischen Hintergrund der zu interviewenden Stelle/n.

Auch ohne vorliegende Stellenbeschreibung finden sich in der Regel andere Dokumentationsmittel, die Aufschluss über die Aufgaben- und Kompetenzverteilung einer Dienststelle/eines Betriebes geben:
- Organigramme
- Geschäftsverteilungspläne
- Funktionsdiagramme
- Funktionsbeschreibungen
- Organisationshandbücher
- Notfallpläne

Ergänzend dazu sind berufskundliche Informationen hilfreich (Informationen zu einzelnen Berufen: www.berufenet.arbeitsagentur.de bzw. www.studienwahl.de mit weiterführenden Links).

11.4.1.3 Zeitpunkt und Dauer des Interviews

Der Zeitpunkt sollte so gewählt sein, dass dem Beschäftigten zwischen Ankündigung und Durchführung ausreichend Vorbereitungszeit verbleibt. Ein Zeitraum von vier Wochen hat sich bewährt.

Die Interviewdauer ist abhängig:
- vom Wissens- und Erfahrungshorizont des Interviewers über das Aufgabengebiet (z. B. aus der Materialsammlung und -analyse)
- von der Vorbereitung durch den Beschäftigten
- der Breite und Komplexität des Aufgabengebietes.

11. Kapitel: Das Stelleninterview

Danach ist eine Stelle mit nur wenigen recht gleichförmig wiederkehrenden Aufgaben zügiger zu erfassen als z. B. planende oder konzeptionelle Tätigkeiten. Nach den o. g. genannten Abhängigkeiten ist daher mit einer durchschnittlichen Interviewdauer von 1,5 bis 2,5 Zeitstunden zu rechnen.

11.4.1.4 Interviewort

Das sollte erfahrungsgemäß der Arbeitsplatz des Beschäftigten sein, da er viele Vorteile mit sich bringt: Der Beschäftigte verhält sich in seiner gewohnten Arbeitsumgebung häufig entspannter. Durch die Möglichkeit schnell und unkompliziert Arbeitsproben zu sichten, kann das Aufgabengebiet zudem anschaulicher und praxisnäher geschildert werden.

Ein Besprechungsraum als Interviewort sollte danach nur gewählt werden, wenn am Arbeitsplatz kein ungestörtes Gespräch möglich ist. Dieser sollte aber nicht weit vom Arbeitsplatz entfernt sein, um auch in diesen Fällen bei Bedarf schnell auf Arbeitsproben zugreifen zu können.

(Richter/Gamisch/Mohr, StI, S. 22 ff.)

11.4.2 Durchführung

Das Interview gliedert sich in eine Einführungsphase, in eine Befragungsphase und in eine Schlussphase.

Die Einführungsphase soll eine positive Gesprächsatmosphäre schaffen und den Beschäftigten zur Mitarbeit motivieren. Sie beginnt mit der persönlichen Vorstellung und anschließendem Small-Talk, z. B. über die Anreise, das Wetter, Besonderheiten in der Dienststelle wie Plakatierungen oder Veranstaltungen, die Arbeitsumgebung/ Bürogestaltung (Zimmerpflanzen, aufgestellte Bilder, Plakate) und endet mit Ausführungen zu Sinn, Zweck und Ablauf des Gespräches. Sie bilden gleichzeitig den Übergang zur Befragungsphase.

In der Befragungsphase werden alle erforderlichen Informationen zur Beschreibung der Stelle gesammelt. Grundlage ist das Stellenbeschreibungsformular (s. Kapitel 8.3.1).

Für die jeweils zu ermittelnden Aspekte eignen sich folgende Fragetypen:

Thema (= Teil der Stellenbeschreibung) \ Frageform	1. Themenbeginn, 2. Themenende		
	Grundformen	Unterformen	Beispiele
Organisatorische Eingliederung der Stelle	1. öffnend	1. Informationsfrage	1. Wer ist Ihr Vorgesetzter?
	2. schließend	2. Alternativfrage	2. Haben Sie einen Fach- und/ oder Disziplinarvorgesetzten?
Arbeitszeit/ Beschäftigungsumfang	1. schließend	1. Alternativfrage	1. Arbeiten Sie Voll- oder Teilzeit?
	2. geschlossen	2. Kontrollfrage	2. Teilzeit mit wie viel Wochenstunden?

11. Kapitel: Das Stelleninterview

Thema (= Teil der Stellenbeschreibung)	Frageform 1. Themenbeginn, 2. Themenende		Beispiele
	Grundformen	Unterformen	
Aktive Stellvertretung	1. öffnend	1. Informationsfrage	1. Welche Stelle(n) vertreten Sie?
	2. schließend	2. Alternativfrage	2. Vertreten Sie den/die Kollege(n) voll oder nur für bestimmte Aufgaben?
Passive Stellvertretung	1. öffnend	1. Informationsfrage	1. Welche Stelle(n) vertritt/vertreten Sie?
	2. schließend	2. Alternativfrage	2. Vertritt/Vertreten der/die Kollege(n) Sie voll oder nur für bestimmte Aufgaben?
Tätigkeitsbeschreibung: Arbeitsvorgang bzw. Tätigkeit	1. öffnend offen	1. Informationsfrage/ Hypothetische Frage	1. Welche Aufgaben haben Sie zu erfüllen?
	2. geschlossen	2. Kontrollfrage	2. Sie erledigen die Aufgabe also abschließend?
Tätigkeitsbeschreibung: Kenntnisse und Vorschriften	1. öffnend	1. Informationsfrage	1. Welches Wissen benötigen Sie für die Aufgabe XY? Welche praktischen Erfahrungen benötigen Sie für die Aufgabe XY?
	2. geschlossen	2. Kontrollfrage	2. Sie kommen also ohne Rechtsprechung und Literatur aus?
Befugnisse	1. offen	1. Informationsfrage/ Hypothetische Frage	1. Was entscheiden Sie? Welcher Spielraum verbleibt bei der Entscheidung XY konkret? Was passiert wenn Sie sich mit XY nicht einigen können? Wer entscheidet dann?
	2. geschlossen	2. Kontrollfrage	2. So wie ich Ihre Ausführungen verstanden habe, können und dürfen Sie also ohne die Genehmigung des Vorgesetzten diese Fragen entscheiden?
(ggf.) Zeitanteile	1. öffnend	1. Informationsfrage	1. Welchen Anteil an Ihrer Gesamtarbeitszeit macht die Aufgabe XY aus?
	2. geschlossen	2. Kontrollfrage	2. Die Aufgabe XY nimmt also den Hauptteil Ihrer Gesamtarbeitszeit in Anspruch?

(vgl. Richter/Gamisch/Mohr, StI, S. 52 f.)

Nach Ermittlung aller Sachinformationen dient die Schlussphase dem ausgewogenen Abschluss des Gesprächs. Im Allgemeinen setzt sich eine Gesprächsschlussphase zusammen aus:

11. Kapitel: Das Stelleninterview

1. inhaltlicher Zusammenfassung
2. formellem Ausblick
3. persönlichem Resümee und der
4. Verabschiedung.

Für das Stelleninterview ist eine inhaltliche Zusammenfassung allerdings nicht sinnvoll, denn erst die Gesamtheit der unterschiedlichen Einzelinformationen ermöglicht die Realisierung der weiteren Schritte (= Stellenbeschreibung). Hier sollte stattdessen noch einmal auf Punkte aufmerksam gemacht werden, die während der Befragungsphase noch offen geblieben sind. In der Regel sind das Fragen zu bestimmten Aufgaben, Kompetenzen und Schnittstellen.

Der Ausblick informiert den Beschäftigten über das weitere inhaltliche und formelle Vorgehen.

Durch das persönliche Resümee des Interviewers erhält der Beschäftigte eine (so weit möglich) positive Rückmeldung zur Gesprächsatmosphäre. Hat sich ein Stelleninhaber besonders gut und strukturiert auf das Interview vorbereitet, sollte er auch ausdrücklich gelobt werden.

(Richter/Gamisch/Mohr, StI, S. 22 ff.)

11.4.3 Umgang mit Widerständen

Obwohl es sich – auf den ersten Blick – beim Stelleninterview um ein rein sachbezogenes Gesprächsthema zu handeln scheint, muss mit Widerständen gerechnet werden. So fühlen sich Beschäftigte durch die Fragen des Interviewers angegriffen oder zweifeln die Kompetenz des Interviewers an, „seinen Arbeitsplatz" und sein Berufs- und Erfahrungswissen angemessen bewerten zu können. Das für Laien schwer verständliche Eingruppierungsrecht schürt nicht nur (unberechtigte?) Ängste, sondern schafft auch Widerstand. Widerstand ist eine emotionale Sperre gegen eine Maßnahme, die dem Grunde nach sinnvoll, „logisch" oder dringend notwendig erscheint. Dieser tritt nicht nur verbal in Vorwürfen, Angriffen, Diskussionen und Gegenargumenten zu Tage, sondern auch nonverbal durch Unruhe und „Frontenbildung" bis hin zur Verweigerung von Kommunikation und innerer Kündigung bei den Beschäftigten.

▶ Hinweis:

> Dem kann nur durch eine offensive und frühzeitige Informationspolitik vorgebeugt werden. Haben diese präventiven Maßnahmen keinen Erfolg, können die drohenden Konflikte gezielt mit Hilfe von in- oder externen Moderatoren oder Mediatoren bewältigt werden.

(Doppler/Lauterburg, Change-Management: den Unternehmenswandel gestalten, Frankfurt a.M. 2014, S. 307 ff.)

11. Kapitel: Das Stelleninterview

11.5 Der rechtliche Rahmen

51. These: Der rechtliche Rahmen muss in jedem Fall beachtet werden.

Es kann nur angeraten werden, den Beschäftigten über das geplante Stelleninterview zu informieren und ihm ausreichende Gelegenheit zur Vorbereitung zu geben. Dies geht einher mit der Frage, ob der Beschäftigte Anspruch darauf hat, dass ein Mitglied des Personal- bzw. Betriebsrates an dem Stelleninterview teilnimmt.

Bei der Beantwortung dieser Frage ist zunächst zu berücksichtigen, welchem Zweck das Stelleninterview dient. Es ist Basis für die Ermittlung der tarifkonformen Eingruppierung. Eingruppierungen sind mitbestimmungspflichtig. So hat der Personal- bzw. Betriebsrat einen umfassenden Informationsanspruch im Rahmen des Mitbestimmungsverfahrens. Im Grunde kann dieser ohne Vorlage einer aktuellen Stellenbeschreibung einer entsprechenden personellen Einzelmaßnahme (Eingruppierung, Umgruppierung, Übertragung einer höher oder niedriger zu bewertenden Tätigkeit) nicht zustimmen (vgl. Richter/Gamisch/Mohr, gEG, IV E.3 m. w. N.).

Dementsprechend ist es allgemein anerkannt, dass Personal- bzw. Betriebsratsmitglieder Beschäftigte am Arbeitsplatz aufsuchen dürfen, um deren Eingruppierung zu überprüfen (vgl. BAG Entscheidung vom 17. Januar 1989, AP Nr. 1 zu § 2 LPVG NW). Das BVerwG geht allerdings davon aus, dass dafür das Einvernehmen mit der Dienststellenleitung herzustellen ist (vgl. BVerwG Beschluss vom 9. März 1990, Az.: 6 P 15.88, PersR 1990, S. 177; siehe auch Altvater/Baden/Berg, § 68 Rdnr. 39 m. w. N.).

Beschäftigte im Geltungsbereich des Betriebsverfassungsgesetzes können nach § 82 Abs. 2 BetrVG zudem verlangen, „dass ihm die Berechnung und Zusammensetzung seines Arbeitsentgelts erläutert und dass ihm die Beurteilung seiner Leistungen sowie die Möglichkeiten seiner beruflichen Entwicklung im Betrieb erläutert werden", wobei er ein Mitglied des Betriebsrats hinzuziehen kann.

Eine derartige Regelung kennt das Personalvertretungsrecht im öffentlichen Dienst nicht. Bislang fehlte zudem Rechtsprechung, ob § 82 Abs. 2 BetrVG auch für das Stelleninterview Bedeutung hat, denn es geht eben nicht um die Beurteilung usw. des Arbeitnehmers.

▶ Hinweis:

Das Bundesarbeitsgericht hat nunmehr für das Entgeltrahmenabkommen für die Metall- und Elektroindustrie NRW (ERA), das mit den Tarifverträgen des öffentlichen Dienstes durchaus vergleichbar ist, entschieden, dass aus dieser Vorschrift ein Teilnahmerecht des Betriebsrats bei Stelleninterviews folgt (vgl. BAG Beschluss vom 20. April 2010, Az.: 1 ABR 85/08, NZA 2010, S. 1307).

„(…) Der Arbeitnehmer kann eine Erläuterung der Berechnung und Zusammensetzung des Arbeitsentgelts im Sinne des § 82 Abs. 2 Satz 1 1. Alt. BetrVG grundsätzlich erst verlangen, wenn der Arbeitgeber dessen Tätigkeit einer tariflichen Vergütungsgruppe zugeordnet hat. Vor diesem Zeitpunkt fehlt es an einer Eingruppierungsentscheidung

11. Kapitel: Das Stelleninterview

des Arbeitgebers, deren Inhalt dem Arbeitnehmer erläutert werden könnte. Der Wortlaut und der Normzweck der Vorschrift schließen es aber nicht aus, dass der Arbeitnehmer eine Erläuterung über die auszuübende Tätigkeit bereits im Vorfeld einer anstehenden Eingruppierungsentscheidung verlangen kann. Bei der Festlegung der Tätigkeitsinhalte handelt es sich um einen eigenständigen Verfahrensabschnitt im Rahmen der Zuordnungsentscheidung des Arbeitgebers. **Ein Gespräch über eine vom Arbeitgeber erstellte Tätigkeitsbeschreibung ermöglicht es dem Arbeitnehmer, seine unterschiedliche Sichtweise über den Inhalt der ihm übertragenen Aufgaben vor deren Bewertung durch den Arbeitgeber geltend zu machen.** Eine hierüber geführte Aussprache kann dazu beitragen, dass der Arbeitgeber die Zuordnungsentscheidung auf einer zutreffenden tatsächlichen Grundlage vornimmt."

(BAG Beschluss vom 20. April 2010, Az.: 1 ABR 85/08, NZA 2010, 1307; Hervorhebungen durch den Verfasser)

Fraglich ist, ob diese Rechtsprechung auch für das Personal- und Mitarbeitervertretungsrecht gilt. Die Arbeitnehmervertretung muss aber umfassend über Inhalt, Form und Verfahren der Stelleninterviews informiert werden. Dieser Unterrichtungsanspruch ergibt sich aus dem allgemeinen Informationsanspruch (vgl. § 80 Abs. 2 BetrVG; § 68 Abs. 2 BPersVG).

(Richter/Gamisch/Mohr, StI, S. 88 ff.)

11.6 ... und die praktische Ausgestaltung

Unabhängig von der rechtlichen Situation kann es sinnvoll sein, den Personal- bzw. Betriebsrat im Rahmen sog. Stellenbewertungskommissionen auch an den Stelleninterviews zu beteiligen (vgl. Richter/Gamisch/Mohr, StB, S. 213 f.).

In diesem Fall spricht nichts dagegen, dass Personal- bzw. Betriebsratsmitglieder als Beauftragte der Stellenbewertungskommission ggf. auch Interviews durchführen.

▶ Hinweis:

Zudem kann eine Teilnahme im Einzelfall zur Sicherstellung der Information des Personal- bzw. Betriebsrats sinnvoll sein.

Wird dieser Weg beschritten, ist zu beachten, dass mehr als zwei Interviewer den Erfolg des Gesprächs regelmäßig gefährden. Dem Vorschlag, dass „mehrere Mitglieder der Bewertungskommission mit dem Arbeitsplatzinhaber" sprechen (so Krasemann, 12. Kapitel, Rdnr. 297), kann nicht gefolgt werden. In einer solchen Konstellation von vier und mehr Interviewern entsteht keine konstruktive Gesprächsatmosphäre. Dieses Vorgehen erinnert vielmehr an einen Kammertermin vor dem Arbeits- bzw. Verwaltungsgericht. Das Anliegen einer erfolgreichen Kommunikation als wichtiger Baustein für den Erfolg der Methode wird in den Hintergrund gedrängt.

11. Kapitel: Das Stelleninterview

11.7 Fazit

52. These: Das Stelleninterview zur Eingruppierung bietet viele Vorteile!

Das Stelleninterview ist ein effektives Instrument, um im Dialog mit den betroffenen Beschäftigten tarifkonforme Stellenbeschreibungen als Eingruppierungsbasis zu entwickeln. Ein so kommuniziertes Organisations- und Führungsmittel wird in der Praxis eher angenommen und gelebt als ein ohne Beteiligung der betroffenen Beschäftigten ausgearbeitetes „Stück Papier", in dem sich dieser regelmäßig auch nicht wiederfindet.

Das Stelleninterview trägt wesentlich dazu bei, die Akzeptanz von Stellenbeschreibungen und Eingruppierungen zu stärken.

12. Kapitel: Coaching der Führungskräfte

12.1 Anwendungsvoraussetzungen

53. These: Das Training und Coaching kann unter bestimmten Voraussetzungen eine sinnvolle Alternative darstellen.

Nicht immer und nicht überall ist ein Verfahren sinnvoll, welches den Stelleninhaber einbindet, denn das Interview-Verfahren lebt von der Prämisse, dass die Stelleninhaber auskunftsfähig und -willig sind. Das wird nicht immer der Fall sein.

Aber auch der Arbeitgeber kann ein Interesse daran haben, dass die Stellenbeschreibungen nicht mit Hilfe der Stelleninhaber selbst erstellt werden. Das gilt vor allem dann, wenn die Stellenbeschreibungen nicht als allgemeines Organisations- und Führungsmittel genutzt werden, sondern lediglich der Vorbereitung der neuen Entgeltordnung und damit der Bewertung der Stellen dienen.

Zweckmäßiger Weise erfolgt in diesen Fällen die Erstellung der Stellenbeschreibungen durch die Führungskräfte.

12.2 Vorbereitung und Durchführung des Coachings

54. These: Einer Qualifizierung der Führungskräfte im Vorfeld kommt die entscheidende Bedeutung zu.

Im Gegensatz zum Interview-Verfahren darf diese Aufgabenverteilung aber nicht dazu führen, dass die Stellenbeschreibungen dann keine ausreichende Bewertungsbasis liefern.

▶ Hinweis:

Um zu sachgerechten und verwertbaren Ergebnissen zu gelangen sind die Führungskräfte entsprechend zu schulen und zu coachen.

(vertiefend Richter/Gamisch/Mohr, StB, S. 61 ff.)

12.3 Fazit

Bei der Wahl des Verfahrens kann es keine Patentrezepte geben. Aus unserer praktischen Erfahrung heraus bevorzugen wir grundsätzlich das Stelleninterview. Die Rahmenbedingungen vor Ort können im Einzelfall für das Coaching-Verfahren sprechen.

13. Kapitel: Die Stellenbewertungskommission

13.1 Begriff und Aufgaben

Die Stellenbewertungskommission ist ein betriebliches Gremium. Es besteht aus Vertretern des Arbeitgebers, des Betriebs- bzw. Personalrats und aus Vertretern der Fachbereiche.

Ihre Aufgabe liegt in der gemeinsamen Feststellung der tarifkonformen/rechtskonformen Bewertung der Stellen der Dienststelle.

13.2 Vorteile und Nachteile im Überblick

Vorteile	Nachteile
Anknüpfen an Vorerfahrungen, z. B. • beim betrieblichen Eingliederungsmanagement gemäß § 84 Abs. 2 SGB IX • Gesundheits- und Qualitätszirkeln • Projektarbeit	Leistungsgrenzen nicht alle Stellen können bewertet werden
Baustein einer modernen Unternehmenskultur/Verwaltungskultur	Rollenkonflikt bei/m • Betriebsrat • Personalrat
Bündelung von Fachkompetenz	Stelleinterviews und Arbeitsplatzbesichtigungen durch die Stellenbewertungskommission sind praktisch nicht möglich
Einbindung in Veränderungsprozesse • Kommunikation und Konfliktbearbeitung eröffnen • unterschiedliche Sichtweisen zwischen/zur Begründung eigener Ansichten und Wertungen	
Kostenersparnis	
Sicherung und Erhöhung der Ergebnisakzeptanz	
Synergieeffekte z. B. im Zusammenhang mit der betrieblichen/paritätischen Kommission gem. § 17 Abs. 2 TVöD bzw. § 18 TVöD bzw. gem. § 2 der Anlage zu § 56 BT-V und § 53 BT-B	
Transparenz der Ergebnisfindung	
Verringerung von Widerständen	
Stärkung der vertrauensvollen Zusammenarbeit zwischen Dienststellenleitung und Arbeitnehmervertretung	

13. Kapitel: Die Stellenbewertungskommission

13.3 Zu den Vorteilen und ...

55. These: Die Arbeit mit der Stellenbewertungskommission bringt Vorteile.

Das gilt insbesondere aus personalwirtschaftlicher Sicht. So ist an erster Stelle der Kostenvorteil zu nennen: Schon die Erarbeitung von Stellenbeschreibungen, ohne die im TVöD-VKA jetzt und zukünftig nicht eingruppiert werden kann, bringt nicht unerhebliche Kosten mit sich.

▶ Hinweis:

s. die beispielhafte Kostenberechnung bei Richter/Gamisch/Mohr, StB, S. 68 ff.

Der Einsatz von Einzelbewertern erscheint auf den ersten Blick die kostengünstigste Variante.

56. These: In der Vorbereitungsphase auf die neue Entgeltordnung kann die Einführung einer Stellenbewertungskommission sinnvoll sein.

Eine derart verkürzte Sicht ist aber nicht Ziel führend, denn bei einer Bewertung durch das (größere) Gremium verbreitern sich die Entscheidungsgrundlagen und Wissensressourcen: Das Wissen der Kommission wird von Anfang an (gemeinsam) genutzt, ruhende Ressourcen können erschlossen und ein gemeinsamer Lernprozess angestoßen werden. Auch erhalten die Arbeitnehmervertreter einen praktischen Eindruck, welche Mühen zur Ermittlung der tarifgerechten Eingruppierung aufgewendet werden und wie schwierig zuweilen die Ergebnisfindung ist. Dem pauschal vorgetragenen Argument, die Eingruppierung sei unzutreffend (niedrig) kann auf diesem Wege wirksam vorgebeugt werden.

In vielen Fällen der Bewertung von komplizierten technischen Berufen (z. B. im Bereich der Informationstechnologie oder der Ingenieurwissenschaften) sind Einzelbewerter zuweilen überfordert. Dann müssen regelmäßig viele und wiederholte Rückfragen an die Fachabteilungen, die Arbeitnehmervertretung und andere Stellen gestellt werden, so dass von einer „Gruppenbewertung im Umlaufverfahren" gesprochen werden kann.

▶ Hinweis:

Alternativ bietet es sich an, von Anfang an die jeweiligen Experten zu versammeln.

Sofern es um die flächendeckende Beschreibung und Bewertung der Dienststelle oder um Muster- bzw. Schlüsselstellen geht, kann die – im Verfahren transparente – Bewertung durch eine Kommission darüber hinaus die allgemeine Akzeptanz erhöhen. Die sich notwendigerweise anschließenden Mitbestimmungsverfahren im Hinblick auf die Ein- oder Umgruppierung können dann vereinfacht und beschleunigt durchgeführt werden. Auf diesem Wege erreicht man einerseits eine Beschleunigung des Beteiligungsverfahrens, die Kosten senkt. Andererseits wird die „psychologische Verbindlichkeit" erhöht, so dass geringere Widerstände der Beschäftigten sowie der Führungskräfte auftreten. Widerstände

13. Kapitel: Die Stellenbewertungskommission

sind ein nicht zu unterschätzender offener und/oder verdeckter Kostenfaktor (zum Begriff und Umfang mit Widerständen siehe Richter/Gamisch/Mohr, StB, S. 73 ff. m. w. N.).

▶ **Praxistipp:**

An dieser Stelle muss dem weit verbreiteten Missverständnis bei Praktikern entgegengewirkt werden, dass über eine Stellenbewertungskommission die Mitbestimmung umgangen werden kann (vgl. LAG Rheinland-Pfalz Urteil vom 16. August 2000, Az.: 10 Sa 369/00; AG Mainz, auswärtige Kammer Bad Kreuznach Urteil vom 22. Mai 2002, Az.: 7 Ca 2157/01 zit. nach Hofmann/Reidelbach, St 130).

Die Kommission stellt lediglich ein „Instrument" dar, welches die Klärung der Eingruppierung professionalisiert, beschleunigt und konsensfähig macht. Haben beide Seiten um die Eingruppierung „gerungen", besteht die Chance, dass das auf diesem Wege erreichte Ergebnis bei der Beschlussfassung des Personal- bzw. Betriebsrats der Sache nach „durchgewinkt" wird. Diese Hoffnung kann natürlich nicht verhindern, dass das Gremium (weitere, berechtigte) Fragen stellt. Ein gut vorbereitetes „Expertenvotum" der Stellenbewertungskommission wird das Arbeitnehmergremium aber nicht unbeeindruckt lassen. Das gilt insbesondere, wenn die Arbeitnehmervertreter der Kommission ihr Gremium regelmäßig über den Verlauf und den Stand der Bewertungen unterrichten.

Zugleich bildet die Stellenbewertungskommission einen weiteren Baustein beim Aufbau einer modernen Unternehmens- bzw. „Verwaltungskultur", indem sie mit anderen modernen Managementinstrumenten verbunden wird. Im Zentrum steht eine erfolgreiche Kommunikation. Entscheidend ist, dass sich diese nicht auf die Kommunikation zwischen wenigen Mitarbeitern beschränkt (zu den Grundlagen der Kommunikation z. B. im Stelleninterview zur Eingruppierung siehe Richter/Gamisch/Mohr, StI, S. 26 ff. m. w. N.).

Angestrebt wird vielmehr, dass sich über den Einzelnen hinaus auch das Unternehmen bzw. die Verwaltung verbessert und weiterentwickelt, wie es insbesondere bei der Einführung des leistungsorientierten Entgelts in § 18 Abs. 1 TVöD-VKA sowie der Verankerung des betrieblichen Gesundheitsmanagements im Sozial- und Erziehungsdienst gem. § 2 der Anlage zu § 56 BT-V und § 53 BT-B propagiert wird.

Aus der Sicht der Organisations- und Personalentwicklung ist das „lebenslange Lernen" des Einzelnen (vgl. § 5 TVöD-VKA) und die Fortentwicklung des Unternehmens bis hin zur „Lernenden Organisationen" unverzichtbar. Damit diese Idee eine praktische und greifbare Realität wird, müssen zunächst die betrieblichen Rahmenbedingungen Kommunikation ermöglichen, die zugleich Lernprozesse umfasst und diese initiiert.

13. Kapitel: Die Stellenbewertungskommission

> **Hinweis:**
>
> Wichtig ist, dass auf den Ebenen Unternehmen/Organisation, Aufgabenfeld/Tätigkeiten, Weiterbildung/Qualifikation und Mitarbeiter/Führungskraft grundlegende innovations- und lernfördernde Voraussetzungen geschaffen werden, z. B. durch Problemlösungsgruppen, Qualitätszirkel usw. im Allgemeinen und Stellenbewertungskommissionen im Besonderen. Auf diesem Wege wird also zugleich aktive Personal- und Organisationsentwicklung betrieben, die sich nicht auf eine „aktionistische" und systemlose Einführung von leistungsorientierter Entgeltsysteme beschränkt.

Mit der Stellenbewertungskommission wird diese „abstrakte Idee" konkret in die betriebliche Wirklichkeit heruntergebrochen:

Die Kommission als Team nutzt die Fähigkeiten ihrer Mitglieder zur gemeinsamen Zielerreichung. Sie ist ein Beispiel für praktische Teamentwicklung: „Moderne Organisationen kommen ohne Team- oder Gruppenarbeit nicht aus. Es gibt rationale Gründe dafür, wie die Lösung komplexer Aufgaben, welche die Expertise unterschiedlicher Personen erfordern, aber auch idealistische, wie der Wunsch nach Halt und Einbindung in einem Team." (Krämer, S. 190).

Möglicherweise kann an konkrete Vorerfahrungen bei Projektarbeit, Qualitäts- und Gesundheitszirkeln und insbesondere dem betrieblichen Eingliederungsmanagement gem. § 84 Abs. 2 SGB IX angeknüpft werden. Gerade bei letzterem werden Gruppen bzw. Teams gebildet, die z. B. als Steuerungs- oder Integrationsgruppe/-team bezeichnet werden (zur betrieblichen Gesundheitsförderung siehe Bueren, S. 22 und 30 ff. mit Beispielen, auch für kleinere Arbeitgeber; zur Neuregelung im Sozial- und Erziehungsdienst s. Richter/Gamisch/Mohr, TV SuE). Von derartigen Gedanken sind auch die Tarifvertragsparteien geleitet worden, wenn sie im Zusammenhang mit dem leistungsorientierten Entgelt betriebliche bzw. Paritätische Kommissionen vorschreiben.

Fraglich ist, inwieweit die Arbeit derartiger Gruppen verrechtlicht werden soll. Vor allem bei der betrieblichen bzw. Paritätischen Kommission wird die Arbeit mit Geschäftsordnungen empfohlen (vgl. Litschen/Kratz/Weiß, S. 251 ff. und S. 320 ff.). Diese Vereinbarung juristischer Regeln soll die Arbeit erleichtern und vor missbräuchlichen Verhalten der Beteiligten schützen. In diesen Fällen liegt eine Störung vor, die vor allem auf der Beziehungsebene liegen dürfte. Da sich die Vorteile der Stellenbewertungskommission aus der ergebnisorientierten Kommunikation in der (Experten-)Gruppe ergeben, dürfte eine juristische Bearbeitung des Problems über eine Geschäftsordnung wenig helfen. Es wird ratsamer sein, in erster Hinsicht die Probleme innerhalb der Gruppe zu bearbeiten und einen erfolgreichen Kommunikationsprozess wieder in Gang zu bringen.

13. Kapitel: Die Stellenbewertungskommission

▶ Hinweis:

Sollten gleichwohl rechtliche Regeln erforderlich oder gewünscht sein, kann sich die Stellenbewertungskommission eine Geschäftsordnung geben (s. 13.7.). Alternativ könnte sich das Gremium auf Kommunikationsregeln vereinbaren (s. 13.8.). Derartige „psychologische" Vereinbarungen haben sich bei Lerngruppen (Lehr-Lernvertrag) oder bei Moderations- beziehungsweise Mediationsverfahren bewährt.

13.4 ... und Nachteilen im Einzelnen

57. These: Denkbare Nachteile sollten nicht ausgeblendet werden.

Stellenbewertungskommissionen sind also eine Chance. Aus unserer Beratungspraxis heraus können wir berichten, dass sich dieses Instrument regelmäßig bewährt. Es müssen aber die Leistungsgrenzen einer Arbeit in der Kommission erkannt werden.

▶ Hinweis:

Es wird regelmäßig nicht möglich sein, alle Stellen im Detail durch die Stellenbewertungskommission bewerten zu lassen.

Mehr Erfolg verspricht der Ansatz, die Bewertung auf Muster- und Schlüssel- sowie strittige Stellen zu beschränken. Ferner können Stellen in der Kommission behandelt werden, bei denen es um eine (beantragte) Umgruppierung des Beschäftigten geht, zum Beispiel einen Höhergruppierungsantrag des Mitarbeiters oder eine (korrigierende) Herabgruppierung durch den Arbeitgeber, also bei der Einführung der neuen Entgeltordnung die Anträge auf Höhergruppierung.

Auch ist es praktisch nicht möglich, dass die Stellenbewertungskommission selber als Gremium Stelleninterviews beziehungsweise Arbeitsplatzbesichtigungen vornimmt, weil sie für diese Methoden zu groß ist.

Den Vorschlag von Krasemann, wonach

> „... mehrere Mitglieder der Bewertungskommission mit dem Arbeitsplatzinhaber (sprechen)"

(Krasemann, 12. Kapitel Rdnr. 297)

halten wir für unpraktisch und ungeeignet (vgl. Richter/Gamisch/Mohr, StI, S. 91).

▶ Hinweis:

Es muss also die Bereitschaft bestehen, sich durch einen Einzelbewerter oder ein Bewerterteam (s. u.) zuarbeiten zu lassen.

Aus der Sicht einer Arbeitnehmervertretung darf ein weitere denkbarer Nachteil nicht verschwiegen werden: Der Betriebs- bzw. Personalrat wird mit in die Verantwortung genommen, „sitzt von Anfang mit im Boot" und trägt gleichzeitig – für alle Beschäftigten

13. Kapitel: Die Stellenbewertungskommission

sichtbar – auch die Mitverantwortung. Das wird nicht jedes Gremium wünschen und schätzen, denn es wird die Frage auftauchen, „wer das Boot steuert".

Die Arbeit mit der Stellenbewertungskommission setzt natürlich die erforderliche Handlungskompetenz und sog. Schlüsselqualifikationen aller Beteiligter voraus (s. Kapitel 10).

1. Es müssen Mindestkenntnisse im materiellen Eingruppierungsrecht und der Organisationslehre vorhanden sein (Fachkompetenz).
2. Die Mitglieder der Kommission müssen in der Lage sein miteinander zu kommunizieren und Konflikte konstruktiv zu lösen (Methodenkompetenz).
3. Dabei sind sie in der Lage, ihre Rollen (Führungskraft, Sachbearbeiter Organisation/ Personal, Arbeitnehmervertreter und so weiter) zu erkennen und die der anderen Kommissionsmitglieder zu achten (Sozialkompetenz).

Bei der Arbeit im Gremium spiegelt sich an dieser Stelle die bereits angesprochene Unternehmens- bzw. Verwaltungskultur wider: Dann wird sichtbar, ob die unterschiedlichen Lager – Arbeitgeber – Personal-/Betriebsrat – mehr auf Mit- oder Gegeneinander ausgerichtet sind und wie der Grundsatz der vertrauensvollen und partnerschaftlichen Zusammenarbeit i. S. d. § 2 Abs. 1 BPersVG/BetrVG praktisch umgesetzt wird.

Bevor ein solches Gremium ins Leben gerufen wird, sollte kritisch hinterfragt werden:
1. Sind die Kosten einer Stellenbewertungskommission berechnet worden?
2. Wurden Alternativen geprüft?
3. Kann an Vorerfahrungen mit anderen Gruppen angeknüpft werden?
4. Verfügen alle Mitglieder der Stellenbewertungskommission über die erforderliche Handlungskompetenz:
   - Fachkompetenz
   - Methodenkompetenz
   - Sozialkompetenz?
5. Besteht eine Akzeptanz für die Stellenbewertungskommission in der Dienststellenleitung und bei der Arbeitnehmervertretung (Betriebs-/Personalrat)?

13.5 Die Organisation der Stellenbewertungskommission

58. These: Die Organisation der Stellenbewertungskommission muss durchdacht sein.

Die Zusammensetzung und Größe der Stellenbewertungskommission ist eine Grundsatzfrage. In der Literatur wird vorgeschlagen, dass drei Mitglieder aus dem Personal- und Organisationsbereich und ein Mitglied des Personal- bzw. Betriebsrats zusammentreten. Dabei soll die Kommission höchstens fünf Personen umfassen. Von der ständigen Einbindung unmittelbarer Vorgesetzter wird abgeraten, weil es diesen an der nötigen Distanz zum Stelleninhaber fehlen soll (vgl. Krasemann, 12. Kapitel, Rdnr. 250). Sollte die letztgenannte Aussage zutreffen, wirft dies ein schlechtes Licht auf die Führungskräfte. Würde dieses Argument tatsächlich greifen, müsste man an der Führungsfähigkeit des Vorgesetzten zweifeln.

13. Kapitel: Die Stellenbewertungskommission

▶ Hinweis:

Zu beachten ist, dass keine pauschalen Empfehlungen gegeben werden können.

Organisatoren und Personaler müssen in Ansehung der konkreten Verhältnisse vor Ort entscheiden, welches der richtige Weg ist. Bei der Beschränkung auf einen Vertreter der Arbeitnehmerseite werden allerdings die Vorteile der Arbeit in der Gruppe aufgegeben, da die Gefahr besteht, dass der einzelne Arbeitnehmervertreter gegen andere, ggf. dominierende Mitglieder der Kommission nicht bestehen kann.

Zusammensetzung der Stellenbewertungskommission

Externer Berater

Methoden- / Fach-
-kompetenz

Stellenbewertungs-
kommission

Mitarbeiter Personal/Organisation bzw. optional Mitarbeiter Fachabteilung

Spezialisten des Gremiums

| Arbeitgeber | Vorsitz | Personal-/Betriebsrat |

(Quelle: IPW – Institut für PersonalWirtschaft GmbH)

Vor diesem Hintergrund stellt sich die grundsätzliche Frage, ob die Kommission paritätisch besetzt wird (z. B. vier Mitglieder), oder dem Arbeitgeber bzw. der Dienststellenleitung eine Art Vorsitz (z. B. fünf Mitglieder) eingeräumt wird. Arbeitgeber neigen dazu, auf eine ungerade Zahl zu drängen, „um sich das Letztentscheidungsrecht zu sichern". Dabei wird verkannt, dass wie oben dargestellt, die Stellenbewertungskommission gerade keine Entscheidungen treffen kann. Sie wirkt vielmehr über die Methode, mit anderen Worten den Weg der Ergebnisfindung. Letztendlich entscheidet der Personal- bzw. Betriebsrat, ob er dem gefundenen Ergebnis zustimmt oder nicht. Ein in der Kommission vom Arbeitgeber „durchgedrücktes" Bewertungsergebnis bietet gerade keine Gewähr, dass die Arbeitnehmervertretung eine gleiche rechtliche Bewertung

13. Kapitel: Die Stellenbewertungskommission

vornimmt. Die oben genannten Vorteile der „Beschleunigung durch Konsens" kommen dann gerade nicht zum Tragen.

▶ Hinweis:

Insofern spricht einiges dafür, paritätische Kommissionen zu bilden, in denen dann ein faktischer Einigungszwang gilt.

Solange die Gruppe selbst kein tragfähiges Ergebnis gefunden hat, braucht ein Mitbestimmungsverfahren nicht eingeleitet werden. Auf diesem Wege werden langwierige Beteiligungsverfahren oder gar die Anrufung der Einigungsstelle bzw. des Arbeitsgerichts vermieden.

Wird der Arbeitgeber durch zwei Personen vertreten, kann ein Mitglied aus dem Bereich Personal/Organisation und ein weiteres Mitglied aus der jeweilige Fachabteilung entsandt werden, das kein ständiges Mitglied der Kommission wäre. Für den Personal-/Betriebsrat agieren diejenigen Mitglieder des Gremiums, die sich aufgrund ihrer internen Zuständigkeit im Wege von sog. Spezialschulungen die erforderliche Handlungskompetenz angeeignet haben. In keinem Fall darf ein „asymmetrischer" Wissensstand entstehen. Der Erfolg der Stellenbewertungskommission hängt entscheidend davon ab, dass alle Mitglieder der Gruppe und gerade auch die Vertreter der Arbeitnehmer wissen, wovon sie reden (zum Schulungsanspruch des Personal- bzw. Betriebsrats siehe Richter/Gamisch/Mohr, StB, S. 214 f. m. w. N.).

Eine andere Frage ist, ob auf externe Mitglieder zurückgegriffen werden soll. Außenstehende (Rechts-)Berater können einerseits Methodenkompetenz einbringen: Der Moderator sorgt für den konstruktiven Ablauf der Sitzungen. Angefangen von der wertschätzenden Kommunikation der Beteiligten, über die Bearbeitung von entstehenden Konflikten bis hin zur Ergebnissicherung und Verfahrensbeschleunigung. Anderseits kann auf diesem Wege (fehlende) Fachkompetenz in die Gruppe geholt werden. In der Praxis wird regelmäßig (aus Kostengründen) auf die Teilnahme Dritter verzichtet (werden). Denkbar wäre es, Experten punktuell in besonderen Situationen einzusetzen – z.B. als Gutachter für ausgesuchte schwierige tarifrechtliche Fragen oder im Einzelfall als Moderator bzw. Mediator bei eskalierenden Konflikten.

(zur Mediation im Arbeitsrecht siehe: Pilartz, Mediation im Arbeitsrecht, München 2013)

13.6 Die Arbeit der Stellenbewertungskommission

Vor diesem Hintergrund sind Stellenbewertungskommissionen eine Chance. Aus unserer Beratungspraxis heraus können wir berichten, dass die Mehrheit der Dienststellen, die dieses Instrument einsetzt, dies mit Erfolg tut.

13. Kapitel: Die Stellenbewertungskommission

Die Arbeit der Stellenbewertungskommission

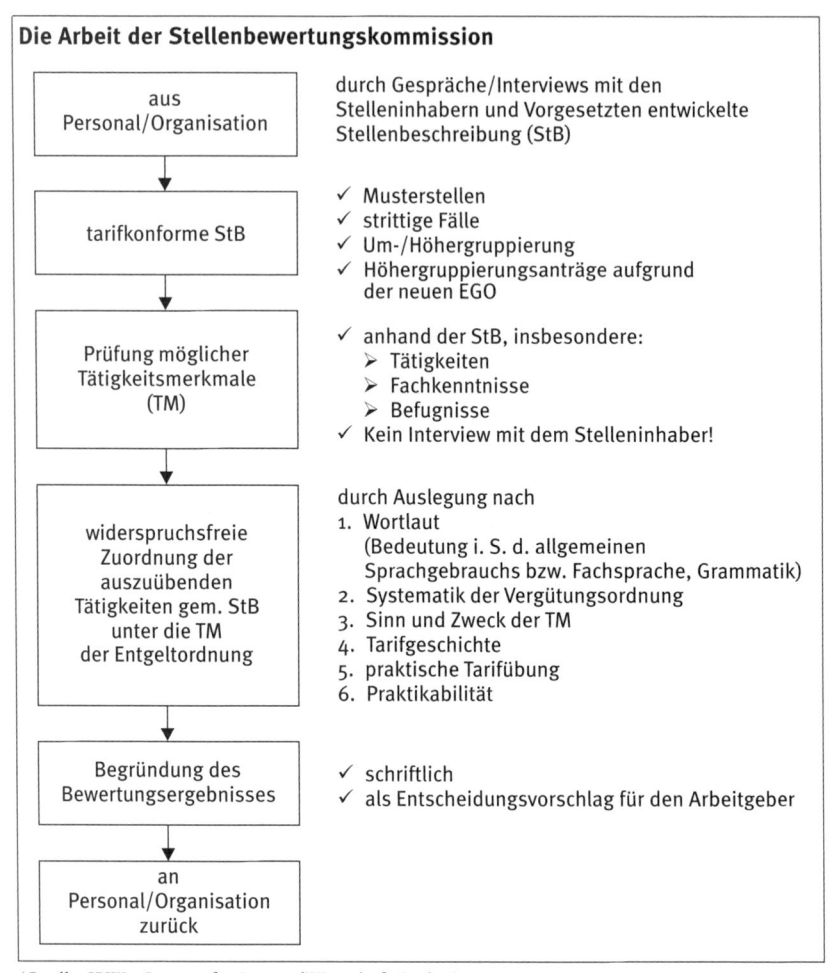

aus Personal/Organisation	durch Gespräche/Interviews mit den Stelleninhabern und Vorgesetzten entwickelte Stellenbeschreibung (StB)
tarifkonforme StB	✓ Musterstellen ✓ strittige Fälle ✓ Um-/Höhergruppierung ✓ Höhergruppierungsanträge aufgrund der neuen EGO
Prüfung möglicher Tätigkeitsmerkmale (TM)	✓ anhand der StB, insbesondere: ➤ Tätigkeiten ➤ Fachkenntnisse ➤ Befugnisse ✓ Kein Interview mit dem Stelleninhaber!
widerspruchsfreie Zuordnung der auszuübenden Tätigkeiten gem. StB unter die TM der Entgeltordnung	durch Auslegung nach 1. Wortlaut (Bedeutung i. S. d. allgemeinen Sprachgebrauchs bzw. Fachsprache, Grammatik) 2. Systematik der Vergütungsordnung 3. Sinn und Zweck der TM 4. Tarifgeschichte 5. praktische Tarifübung 6. Praktikabilität
Begründung des Bewertungsergebnisses	✓ schriftlich ✓ als Entscheidungsvorschlag für den Arbeitgeber
an Personal/Organisation zurück	

(Quelle: IPW – Institut für PersonalWirtschaft GmbH)

So sollte die Arbeit der Kommission darin bestehen auf Basis vorhandener Stellenbeschreibungen Muster-/Schlüssel- sowie strittige Stellen zu bewerten. Ebenso können Stellen in der Kommission behandelt werden, bei denen es um eine (beantragte) Umgruppierung des Beschäftigten, z. B. einen Höhergruppierungsantrag des Mitarbeiters (z.B. aufgrund der neuen Entgeltordnung, siehe auch Kapitel 1.1) oder eine (korrigierende) Herabgruppierung durch den Arbeitgeber geht.

Die Mitglieder prüfen dann gemeinsam die Erfüllung der (neuen) Eingruppierungsmerkmale anhand der vorhandenen Stellenbeschreibungen. Diese sollte so aufbereitet sein, dass ein Stelleninterview durch die gesamte Kommission nicht erforderlich ist.

13. Kapitel: Die Stellenbewertungskommission

Bestehende Unklarheiten/Rückfragen sollten vielmehr in Abstimmung mit der für die Erstellung der Stellenbeschreibung zuständigen Stelle (Personal/Organisation bzw. Führungskraft) geklärt werden und im Vorhinein in eine geänderte Stellenbeschreibung einfließen.

Das Bewertungsergebnis gilt es schriftlich festzuhalten und zu begründen. Ein solches Protokoll kann so aussehen:

Protokoll

der Sitzung der Stellenbewertungskommission vom ..., Beginn: ..., Ende: ...

Anwesende:

ständige Mitglieder: ...

nicht ständige Mitglieder: ...

Sachverständige: ...

Gäste: ...

TOP 1: Bewertung der Stelle ◊

Ergebnis: Die Stelle ist tarifgerecht nach Entgeltgruppe XY zu bewerten. Begründung:

1. Bildung von Arbeitsvorgängen ...

2. Bewertung der einzelnen Arbeitsvorgänge

3. ggf. Zusammenfassende Betrachtung

Umsetzung: Der Bewertungsvorschlag wird durch das ständige Mitglied XY an die zuständige Stelle zur Einleitung des Mitbestimmungsverfahrens weitergeleitet bis Termin: ...

Insgesamt können diese Arbeitsregeln beispielsweise in Form einer Geschäftsordnung bestimmt werden.

13.7 Muster: Geschäftsordnung Stellenbewertungskommission

§ 1 Ziel der Stellenbewertungskommission

(1) Die Stellenbewertungskommission (nachfolgend: StBK) ist ein Gremium, das hinsichtlich der Ermittlung der tarifkonformen Stellenbewertung und der tarifkonformen Eingruppierung gemäß § 12 TVöD-VKA beschlussreife Vorschläge für die Unternehmensleitung/Dienststellenleitung und den Betriebsrat/den Personalrat unterbreitet.

(2) Zum Arbeitsfeld der StBK gehören:
- Die Prüfung und Bewertung von Musterstellen
- Die Prüfung strittiger Stellenbewertungen und Eingruppierungen
- Die Prüfung von Eingruppierungsanträgen der Beschäftigten aller Art, auch in Zusammenhang mit der Einführung der neuen Entgeltordnung im TVöD-VKA.

§ 2 Zusammensetzung des Gremiums

(1) Die StBK ist paritätisch mit Arbeitgeber- und Arbeitnehmervertretern besetzt und setzt sich wie folgt zusammen:

13. Kapitel: Die Stellenbewertungskommission

Bereich	Vertreten durch	Stimmberechtigung
Als Arbeitgebervertreter:	(0. Leiter …)	ja
	1. Personalreferent …	
	2. Sachbearbeiter Organisation	
	3. ein Vertreter des Organisationsbereichs, in dem die zu bewertende Stelle angesiedelt ist (jeweils anlassbezogenes, nicht ständiges Mitglied)	
als Arbeitnehmervertreter:	3. …	ja
	4. …	
	5. …	

Die StBK wählt aus ihrer Mitte jährlich alternierend eine/n Vorsitzende/n und eine/n stellvertretende/n Vorsitzender/e sowie eine/n Schriftführer/in.

Die Wahl erfolgt für … Monate.

(2) Für jedes Mitglied der StBK ist ein stellvertretendes Mitglied zu benennen (siehe Anlage).

(3) Ein Mitglied der StBK kann das Gremium jederzeit verlassen. Hierzu muss es eine schriftliche Erklärung gegenüber dem/der Vorsitzenden oder im Verhinderungsfall dem/der stellvertretenden Vorsitzenden abgeben.

(4) Scheidet ein Mitglied der StBK aus dem Unternehmen/der Dienststelle beziehungsweise dem Betriebsrat/dem Personalrat aus oder kann es die Aufgaben aufgrund betrieblicher/dienstlicher Gründe nicht mehr wahrnehmen, so hat die Unternehmensleitung/Dienststellenleitung beziehungsweise der Betriebsrat/der Personalrat rechtzeitig eine/n Nachrücker/in zu benennen.

(5) Scheidet der/die Vorsitzende oder der/die stellvertretende Vorsitzende aus, erfolgt eine Neuwahl.

(6) Die StBK kann auf Antrag eines Mitgliedes der StBK durch einfache Mehrheit ein Mitglied aus der StBK ausschließen.

(7) Die Mitglieder können Sachverständige und Gäste vorschlagen, die aufgrund einstimmigen Beschlusses/einfacher Mehrheit der Mitglieder der StBK berufen werden.

§ 3 Organisation der Kommissionsarbeit

(1) Die Sitzungen der StBK finden monatlich/vierteljährlich/halbjährlich statt. Termin für die Sitzung ist jeweils ein (Wochentag) um … Uhr.
oder

(1) Die Sitzungen werden vom/von der Vorsitzenden der StBK bei Bedarf einberufen.

(2) Die Einladung zu den Sitzungen erfolgt schriftlich durch den/die Vorsitzende/n der StBK unter Mitteilung der Tagesordnung. Sie soll den Mitgliedern der StBK spätestens eine Woche vor der Sitzung zugegangen sein.

(3) Die Tagesordnung wird 14 Tage vor dem Sitzungstermin vom/von der Vorsitzenden der StBK im Einvernehmen mit den Mitgliedern der StBK festgelegt. Vorschläge zur Tagesordnung sind bis drei Wochen vor dem Sitzungstermin an den/die Vorsitzende/n zu richten.

13. Kapitel: Die Stellenbewertungskommission

(4) Die Sitzungsunterlagen (Stellenbeschreibungen, Ergebnisse des Stelleinterviews, Organigramme, Funktionsdiagramme, Geschäftsverteilungspläne, etc.) werden spätestens drei Tage vor dem Sitzungstermin durch den/die Vorsitzende/n an die Mitglieder der StBK versendet.

(5) Der/die Vorsitzende ist berechtigt, bei Notwendigkeit außerordentliche Sitzungen der StBK anzusetzen.

Er/sie ist dazu in folgenden Fällen verpflichtet:

a) Antrag eines Mitglieds der StBK

b) besondere Gründe

Eine außerordentliche Sitzung muss spätestens innerhalb von drei Arbeitstagen nach Antragstellung einberufen werden.

(6) Die Absage einer Sitzung erfolgt schriftlich durch den/die Vorsitzenden der StBK an alle Mitglieder der StBK. Die Absage soll grundsätzlich drei Arbeitstage vor dem Termin erfolgen. Aus besonderen Gründen kann von dieser Frist abgewichen werden.

(7) Die Geschäftsführung der StBK obliegt einer/einem Beschäftigten der Personalabteilung/Organisationsabteilung. Sie/er nimmt an den Sitzungen ohne Stimmrecht teil.

§ 4 Ablauf der Kommissionssitzungen

(1) Die Sitzungen der StBK werden von dem/der Vorsitzenden, im Falle der Verhinderung von dem/der stellvertretendem Vorsitzenden, geleitet.

(2) Der/die Vorsitzende erteilt in der Sitzung das Wort in der Reihenfolge der Wortmeldungen.

§ 5 Beschlussfassung

(1) Beschlüsse werden einstimmig/mit einfacher Mehrheit gefasst. Die StBK ist beschlussfähig, wenn mehr als die Hälfte ihrer Mitglieder anwesend ist. Bei Stimmengleichheit ist der Antrag abgelehnt.

(2) Umlaufbeschlüsse über Eingruppierungen sind unzulässig. In anderen Fällen können Umlaufbeschlüsse mit der einfachen Mehrheit gefasst werden.

§ 6 Protokollierung

(1) Das Sitzungsprotokoll wird durch den/die Schriftführer/in erstellt. Es wird ein Standardformular verwendet. Es ist vollständig auszufüllen und enthält eine Liste der Sitzungsteilnehmer/innen.

(2) Das Protokoll soll zu jedem Tagesordnungspunkt enthalten:

a) Nummer und Thema

b) Kurzbeschreibung des Themas

c) Beschlüsse

(3) Das Protokoll wird bis zum … an die Mitglieder der StBK versendet. In besonderen Fällen (zum Beispiel Urlaub, Arbeitsunfähigkeit) ist das Protokoll bis spätestens … vor der nachfolgenden Sitzung zu versenden.

13. Kapitel: Die Stellenbewertungskommission

§ 7 Vertraulichkeit der Kommissionsarbeit

(1) Die Sitzungen der StBK sind nicht betriebsöffentlich/dienststellenöffentlich. Die Mitglieder der StBK sind verpflichtet, die ihnen im Zusammenhang mit der Kommissionsarbeit bekannt gewordenen Unterlagen und Informationen vertraulich zu behandeln.

(2) Informationen aus der Sitzung dürfen nur über den Dienstweg beziehungsweise nach Maßgabe des Betriebsverfassungsgesetzes/Bundespersonalvertretungsgesetzes/ Landespersoanvertretungsgesetzes weitergegeben werden.

(3) Um den Zugang zu den im Rahmen der Kommissionsarbeit anfallenden Unterlagen und Dateien ausreichend zu beschränken, werden alle Unterlagen und Daten als Sachakte in der Personalabteilung geführt. Über die konkrete Ausgestaltung der Ablage und Archivierung entscheiden die Mitglieder der StBK im Einvernehmen mit der Unternehmensleitung/Dienststellenleitung.

(4) Die schriftliche Korrespondenz unter den Mitgliedern der StBK erfolgt ausschließlich über die jeweils personalisierten E-Mailkonten der Mitglieder.

§ 8 Änderungen der Geschäftsordnung

(1) Die Geschäftsordnung kann von der StBK durch Sitzungsbeschluss einstimmig/mit absoluter Mehrheit geändert werden. Es ist die Anwesenheit von mindestens drei/ vier Mitgliedern erforderlich.

(2) Die Geschäftsordnung gilt bis zum 31.12. des laufenden Jahres. Erfolgen keine Änderungen der Geschäftsordnung, so verlängert sie sich um ein Jahr.

(3) Anträge auf Änderung sind schriftlich an den/die Vorsitzende/n zu richten.

§ 9 Auflösung

Die Auflösung der StBK muss schriftlich bei dem/der Vorsitzenden der StBK beantragt werden. Der Antrag muss eine schriftliche Begründung enthalten.

Die Auflösung erfolgt durch einfache Mehrheit. Es ist erforderlich, dass mindestens drei/vier Mitglieder anwesend sind.

§ 10 In-Kraft-Treten

Die Geschäftsordnung tritt am … in Kraft.

13.8 Muster: Memorandum für die Arbeit in der Stellenbewertungskommission

Die o. g. Alternative zur Geschäftsordnung könnte wie folgt aussehen:

Die Stellenbewertungskommission (StBK) verfolgt gemeinsam das ZIEL, die korrekte Eingruppierung jeder Stelle für den Arbeitgeber/die Dienststellenleitung und den Betriebsrat/Personalrat als entscheidungsreifes ERGEBNIS vorzubereiten.

Die Mitglieder der StBK verfolgen gemeinsam folgende ZIELE.

Sie würdigen jederzeit ihre gemeinsame ZUSAMMENARBEIT.

13. Kapitel: Die Stellenbewertungskommission

Sie anerkennen vor dem Hintergrund der gemeinsamen Verantwortung für das Unternehmen/die Dienststelle die INTERESSEN des Arbeitgebers/der Dienststellenleitung einerseits und des Betriebsrats/Personalrats andererseits.

Alle ENTSCHEIDUNGSERHEBLICHEN Tatsachen werden gemeinsam ermittelt, beraten und bewertet.

Die Mitglieder erarbeiten gemeinsam die LÖSUNG.

Am Ende dieses Kommunikationsprozesses steht ein gemeinsames ERGEBNIS.

Die Mitglieder der StBK vereinbaren deshalb folgende REGELN für die Arbeit und Kommunikation:

...

13.9 Fazit

59. These: Die Arbeit des Gremiums beschleunigt die Entscheidungsfindung.

Die Stellenbewertungskommission kann ein sinnvolles Instrument der Eingruppierung darstellen. Die professionelle Organisation der Kommunikation in einer Expertengruppe macht die Ermittlung der Eingruppierung transparent, beschleunigt die Entscheidungsfindung, stellt eine fundierte Vorbereitung des Mitbestimmungsverfahrens vor und schafft so die breite Akzeptanz für die gefundenen Ergebnisse. Zugleich ist sie ein wesentlicher Baustein einer modernen Unternehmens- bzw. Verwaltungskultur.

14. Kapitel: Mitbestimmung der Arbeitnehmervertretung

14.1 Unterschiedliche Beteiligungsrechte ...

60. These: Ohne die Arbeitnehmervertretung ist die Einführung der neuen Entgeltordnung nicht möglich!

Zunächst ist zu berücksichtigen, dass die verschiedenen Beteiligungsrechte des Personal- bzw. Betriebsrates grundsätzlich an (allgemeine) personelle (Einzel-)Maßnahmen anknüpfen. An dieser Stelle sind also die Vorbereitungshandlungen von der späteren konkreten Realisierung durch die Eingruppierung zu unterscheiden.

Bereits im Vorfeld sind Beteiligungsrechte der Arbeitnehmervertretung zu beachten. Das Personalvertretungs- und Betriebsverfassungsrecht kennen weder für die Personalbemessung noch für die Zeiterfassung bzw. -ermittlung eigene Beteiligungstatbestände. In diesem Zusammenhang kommen folgende Beteiligungsrechte in Frage:

14.1.1 Personalplanung (§ 78 Abs. 3 BPersVG, § 92 BetrVG)

Personalplanung im Sinne der Mitbestimmungsgesetze umfasst jede Planung des Arbeitgebers zur Deckung des gegenwärtigen und künftigen Bedarfs an Personal. Dieser wird sowohl quantitativ als auch qualitativ bestimmt. So umfasst die Personalplanung alle Planungselemente zur Deckung des Personalbedarfs, im Einzelnen (vgl. Fitting, § 92, Rdnr. 5 ff.):

Personalplanung – Planungselemente

Personalbedarf	Personalbeschaffung
Personaleinsatz	Personalentwicklung
Personalabbau	

Systemisch zählt die Ermittlung von Zeitanteilen (siehe Kapitel 7) zur Personalbedarfsplanung. Allerdings ist die Ermittlung des Ist-Zustandes nur ein optionaler und vorbereitender Teil der Ermittlung des quantitativen Personalbedarfs. Werden also Ist-Zeiten ausschließlich zur Feststellung der Verteilung der Arbeitszeit auf einzelne Arbeitsvorgänge ermittelt, ist dies kein Element einer systematischen Analyse und Bewertung des Personalbedarfs. Dementsprechend ist eine Information und Beratung mit dem Personal- bzw. Betriebsrat über eine solche Maßnahme nicht erforderlich.

14.1.2 Ordnung und Verhalten in der Dienststelle/im Betrieb (§ 75 Abs. 3 Nr. 15 BPersVG, § 87 Abs. 1 Nr. 1 BetrVG)

Gegenstand des Mitbestimmungsrechts ist das betriebliche Zusammenleben und Zusammenwirken der Arbeitnehmer, das der Arbeitgeber kraft seines Direktionsrechts beeinflussen und koordinieren kann (vgl. BAG Entscheidung vom 27. Januar 2004, AP

14. Kapitel: Mitbestimmung der Arbeitnehmervertretung

Nr. 40 zu § 87 BetrVG 1972 – Überwachung, BAG Entscheidung vom 11. Juni 2002, AP Nr. 38 zu § 87 BetrVG 1972 – Ordnung des Betriebes).

Unter diesem Aspekt sind Zeiterfassungsmaßnahmen nicht zu subsumieren. Das solche Aufzeichnungen „irgendwie Schlüsse auf das Verhalten des Arbeitnehmers zulassen, ist denkbar, aber unerheblich", da mit dem Mitbestimmungstatbestand des § 87 Abs. 1 Nr. 1 BetrVG nur solche Maßnahmen erfasst sind, die gezielt das Verhalten des Beschäftigten regeln und damit auch die äußere Ordnung des Betriebes betreffen (siehe LAG Schleswig-Holstein Beschluss vom 4. Juli 1985, Az.: 5 Ta BV 15/85, BB 1985, S. 1791 f.).

14.1.3 Technische Einrichtungen zur Überwachung (§ 75 Abs. 3 Nr. 17 BPersVG, § 87 Abs. 1 Nr. 6 BetrVG)

Das Mitbestimmungsrecht greift, wenn die technische Einrichtung objektiv und unmittelbar zur Kontrolle geeignet ist – unabhängig davon, ob der Arbeitgeber ein solches Ziel mit der Anschaffung verbindet bzw. die Daten auch tatsächlich auswertet. Zu diesen technischen Einrichtungen zählen alle it-gestützten Datenerfassungsprogramme.

Erfolgt die Zeiterfassung hingegen manuell (handschriftliche Aufzeichnungen mit und ohne Stoppuhr) und wird dies erst im Anschluss daran it-technisch erfasst und verarbeitet, liegt kein Mitbestimmungsrecht des Personal-/Betriebsrates vor (vgl. BAG Beschluss vom 27. Januar 2004, AP Nr. 40 zu § 87 BetrVG 1972 – Überwachung, BAG Beschluss vom 11. Juni 2002, AP Nr. 38 zu § 87 BetrVG 1972 – Ordnung des Betriebes).

61. These: Die frühzeitige Einbindung der Arbeitnehmervertretung beschleunigt das Verfahren und verringert Widerstände!

14.2 ... und ihre Anwendung

Geht es dann vom Stelleninterview über die Stellenbeschreibung zur Eingruppierung ist folgendes zu beachten:

14.2.1 Eingruppierung

Im kollektiven Arbeitsrecht umfasst die Eingruppierung die Einordnung des einzelnen Beschäftigten in ein kollektives Entgeltschema (vgl. BAG Beschluss vom 17. März 2005, AP Nr. 90 zu § 1 TVG Tarifverträge Einzelhandel).

Der Begriff der Eingruppierung geht damit weiter als im Tarifrecht. Eingruppierung im Sinne des Tarifrechts umfasst regelmäßig nur die Zuordnung der auszuübenden Tätigkeit des Beschäftigten nach den Tätigkeitsmerkmalen der Entgeltordnung (siehe § 12 TVöD-VKA).

14. Kapitel: Mitbestimmung der Arbeitnehmervertretung

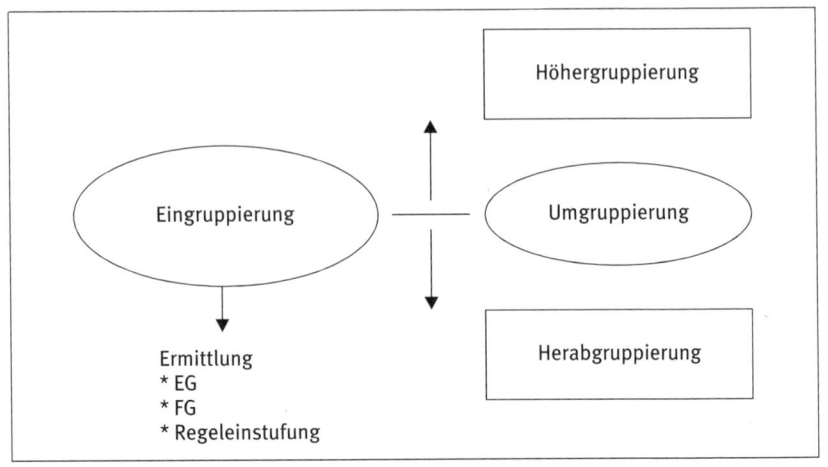

```
                        ┌─────────────────┐
                        │ Höhergruppierung │
                        └─────────────────┘
                                ▲
    ╭───────────────╮    │    ╭───────────────╮
   │  Eingruppierung │───┼───│  Umgruppierung  │
    ╰───────────────╯    │    ╰───────────────╯
                                ▼
        │                ┌─────────────────┐
        ▼                │ Herabgruppierung │
    Ermittlung           └─────────────────┘
    * EG
    * FG
    * Regeleinstufung
```

(Quelle: IPW – Institut für PersonalWirtschaft GmbH)

62. These: Das Bundesverwaltungsgericht räumt dem Personalrat neuerdings ein weites Mitbestimmungsrecht ein. Die Beteiligungsrechte des Betriebsrats stehen dem nicht nach.

Im Gegensatz dazu ist der Begriff der Eingruppierung als Einordnung in ein kollektives Entgeltschema weiter und umfasst.

Die Mitbestimmung der Arbeitnehmervertretung im Rahmen der Eingruppierung bezieht sich nicht nur auf die Eingruppierung in Form der Entgeltgruppe und Fallgruppe sondern auch auf die Stufenzuordnung – soweit diese der Tarifautomatik unterliegt. Die Mitbestimmung gestaltet sich also konkret wie folgt aus:
1. Die Mitbestimmung bei der Eingruppierung erstreckt sich auf die Stufenzuordnung nach § 16 Abs. 2 Satz 1 bis 3 TVöD-VKA (Eingruppierung bei der Einstellung)
2. Die Mitbestimmung bei Höher- und Rückgruppierung erstreckt sich auf die Stufenzuordnung nach § 17 Abs. 4 Satz 1 und 4 TVöD-VKA (Höher-/Herabgruppierung), aber nicht mehr auf das Erreichen der nächsten Stufe im Rahmen der Regelstufenlaufzeit gem. § 16 Abs. 3 Satz 1 und § 16 Abs. 4 Satz 3 TVöD-VKA.

vgl. BVerwG Beschluss vom 13. Oktober 2009, Az.: 6 P 15.08 zum TV-L und BVerwG Beschluss vom 7. März 2011, Az.: 6 P 15.10 zum TVöD-VKA

Das sieht das BAG anders: Die Höherstufung der MA nach Zeitablauf im Sinne des § 16 Abs. 3 TVöD-VKA ist eine Form der Umgruppierung im Sinne des § 99 BetrVG (bzw. § 75 I Nr. 2 BPersVG) und unterliegt damit der Mitbestimmung der Arbeitnehmervertretung. Das Mitbestimmungsrecht besteht unabhängig davon, ob der TVöD-VKA einen Rechtsanwendungsspielraum eröffnet oder nicht.

vgl. für das BetrVG: BAG Beschluss vom 6. April 2011, Az.: 7 ABR 136/09, ZTR 2011, S. 540-541, S. 623-635

14. Kapitel: Mitbestimmung der Arbeitnehmervertretung

63. **These: Die Einführung der neuen Entgeltordnung wird zum Teil der Mitbestimmung der Arbeitnehmervertretung unterliegen.**

Aber auch wenn sich nicht die Tätigkeit des Beschäftigten selbst, sondern das anzuwendende Entgeltschema ändert, liegt grundsätzlich ein Fall der Eingruppierung vor (vgl. BAG Beschluss vom 22. April 2009, Az.: 4 ABR 18/08). Diese Änderungen im laufenden Beschäftigungsverhältnis werden dementsprechend auch als Umgruppierung bezeichnet (vgl. BAG Beschluss vom 6. August 2002, AP Nr. 27 zu § 99 BetrVG 1972 Eingruppierung; vgl. BAG Beschluss vom 22. April 2009, Az.: 4 ABR 18/08).

So stellte nach Auffassung des BAG auch die Überleitung vom BAT in den TVöD einen Fall der Umgruppierung dar (vgl. BAG Beschluss vom 22. April 2009, Az.: 4 ABR 18/08). Entgegen der Auffassung des VG Mainz (Beschluss vom 5. April 2006, Az: 5 K 592/05 MZ, rkr., NZA-RR 2006, S. 502 ff.) besteht demnach ein Mitbestimmungsrecht des BR gem. § 99 BetrVG. Konkret obliegt dem BR ein Mitbeurteilungsrecht und damit ein Kontrollrecht, das sicherstellt, dass der Arbeitgeber die tariflich vorgegebenen Überleitungsregeln des TVÜ sachgerecht umgesetzt hat.

Für die Einführung der neuen Entgeltordnung zum 01.01.2017 bedeutet dies (siehe auch Kapitel 1, Punkt 1.2):

Eine Umgruppierung wird erforderlich, wenn der Arbeitgeber einer Anwendung des Tarifvertrages unterworfen wird, er also in Bezug auf den einzelnen Arbeitnehmer die für die Ermittlung der Überleitung in die neue Entgeltordnung maßgebenden Tatsachen und ihre Subsumtion anhand tariflicher Überleitungsregeln durchzuführen hat (vgl. BAG Beschluss vom 22. April 2009, Az: 4 ABR 14/08, Rdnr. 53).

▶ Praxistipp:

Dieser Akt der Rechtsanwendung wird für die Zuordnung der Beschäftigten zu den Entgeltgruppen 14 (aus EG 13 mit Zulage), 9a und 9b erforderlich und löst damit das Mitbestimmungsrecht der Arbeitnehmervertretung unter dem Aspekt der Umgruppierung aus (§ 75 Abs. 1 Nr. 2 BPersVG; § 99 Abs. 1 Nr. 1 BetrVG; vgl. BAG Beschluss vom 22. April 2009, Az.: 4 ABR 14/08, Rdnr. 53). Dabei ist zu beachten, dass die Mitbestimmung nicht davon abhängt, ob die Überleitungsregeln des Tarifvertrages dem Arbeitgeber einen Beurteilungsspielraum lassen oder nicht (vgl. BAG Beschluss vom 22. April 2009, Az.: 4 ABR 14/08, Rdnr. 57).

Die anderslautende Entscheidung des VG Mainz vom 5. April 2006 (Az.: 5 K 592/05 MZ, rkr., NZA 2006, S. 502 ff.) zur Überleitung vom BAT in den TVöD-VKA kann aufgrund dieser BAG-Entscheidung nicht mehr als anwendbar angesehen werden, da der Mitbestimmungstatbestand im Betriebs- bzw. Personalvertretungsrecht keinen unterschiedlichen Regelungsinhalt aufweist. Es geht in beiden Fällen um die Einsortierung in ein kollektives Entgeltschema (siehe z. B. BVerwG Beschluss vom 22. Oktober 2007, Az.: 6 P 1.07 und BAG Beschluss vom 14. April 2015, Az.: 1 ABR 66/13, AP Nr. 143 zu § 99 BetrVG 1972).

14. Kapitel: Mitbestimmung der Arbeitnehmervertretung

Für alle anderen Eingruppierungen (Entgeltgruppe 1 bis 8; 10 bis 15) haben die Tarifvertragsparteien aber die Anwendung der Tarifautomatik für den Zeitpunkt der Überleitung mit dieser Regelung außer Kraft gesetzt:

„Die Überleitung erfolgt unter Beibehaltung der bisherigen Entgeltgruppe ... Eine Überprüfung und Neufeststellung der Eingruppierungen findet aufgrund der Überleitung in die Entgeltordnung für den Bereich der VKA nicht statt".
(§ 29a Abs. 1 TVÜ-VKA)

Damit stellen die Tarifvertragsparteien klar, dass die Entgeltgruppenzuordnungen gem. Anlage 1 bzw. 3 TVÜ-VKA (in der bis zum 31.12.2016 gültigen Fassung) als Eingruppierung gelten. Eine erneute Prüfung (Anwendung des Tarifvertrages auf die einzelnen Beschäftigten) durch den Arbeitgeber ist nicht erforderlich. Eine inhaltliche Auseinandersetzung ist also tarifvertraglich nicht notwendig. Damit entsteht keine Maßnahme gegenüber diesen Beschäftigten und damit auch kein Mitbestimmungsrecht der Arbeitnehmervertretung.

14.2.2 Stellenbeschreibung

Im Gegensatz dazu sind Stellenbeschreibungen, soweit sie keine (unmittelbaren) Auswirkungen auf die Beschäftigten haben, mitbestimmungsfrei. Dies gilt aber nur dann, wenn der Sachbezug sichergestellt ist, d. h. keine personenbezogenen Daten erstmals ermittelt werden (weiterführend: Richter/Gamisch/Mohr, StB, S. 208 ff.).

Hingegen besteht eine Informationspflicht gem. § 78 Abs. 3 BPersVG und § 92 BetrVG, wenn Stellenbeschreibungen als Teil der Personalbedarfsplanung eingesetzt werden (vgl. BAG Entscheidung vom 31. Januar 1984, AP Nr. 3 zu § 95 BetrVG 1972).

Stellenbeschreibungen werden regelmäßig mittels PC, Textverarbeitungs- oder Tabellenkalkulationsprogrammen erstellt. So stellt sich die Frage, ob ein Beteiligungsrecht gemäß § 87 Abs. 1 Nr. 6 BetrVG bzw. § 75 Abs. 3 Nr. 17 BPersVG (technische Einrichtungen zur Überwachung von Verhalten oder Leistung der Arbeitnehmer) besteht.

Ein datenverarbeitendes System ist dann zur Überwachung von Verhalten oder Leistung des Arbeitnehmers bestimmt, wenn es individualisierte oder individualisierbare Verhaltens- oder Leistungsdaten selbst erhebt und aufzeichnet, unabhängig davon, ob der Arbeitgeber die erfassten und festgehaltenen Verhaltens- oder Leistungsdaten auch auswerten oder zu Reaktionen auf festgestellte Verhaltens- oder Leistungsweisen verwenden will (vgl. BAG Beschluss vom 14. November 2006, 1 ABR 4/06, NZA 2007, S. 399). Es muss sich also um ein System handeln, dass programmgemäß Daten zu Aussagen über Verhalten oder Leistungen einzelner Arbeitnehmer verarbeitet (BAG Beschluss vom 14. September 1984, AP Nr. 9; BAG Beschluss vom 11. März 1986, AP Nr. 13 beide zu § 87 BetrVG 1972 Überwachung).

Die it-gestützte Erfassung der Stellenbeschreibungsinhalte (zu den Einzelheiten siehe Kapitel 8) beinhalten keine Aussagen über Verhalten und Leistung des einzelnen Arbeitnehmers. Der Einsatz von datenverarbeitenden Systemen als Arbeitsmittel zur Erstellung von Stellenbeschreibungen erfüllt daher nicht den Mitbestimmtatbestand

14. Kapitel: Mitbestimmung der Arbeitnehmervertretung

im Sinne des § 87 Abs. 1 Nr. 6 BetrVG (vgl. auch Richardi, BetrVG, § 87 Rn. 497) bzw. § 75 Abs. 3 Nr. 17 BPersVG.

14.2.3 Stelleninterview

Ein einheitliches Mitbestimmungsrecht bei Stelleninterviews besteht nicht. Neben dem Betriebsverfassungsgesetz treten die 16 Personalvertretungsgesetze der Länder.

Zunächst gilt für alle, dass Stelleninterviews keine unmittelbaren Auswirkungen auf den Beschäftigten haben. Da sich die verschiedenen Beteiligungsrechte des Personal -bzw. Betriebsrats grundsätzlich auf (allgemeine) personelle (Einzel-)Maßnahmen beziehen, kommen unterschiedliche Beteiligungsrechte in Frage:

Die Durchführung von Stelleninterviews kann die Anwendung mitbestimmungspflichtiger Personalfragebögen darstellen. Personalfragebögen ermitteln personenbezogene Daten im Hinblick auf:
- allgemeine Fragen nach der Person (z. B. Name und Beschäftigungsdauer)
- persönliche Verhältnisse (z. B. Familienstand)
- den beruflichen Werdegang
- fachliche Kenntnisse und Fähigkeiten

Personalfragebögen dienen damit regelmäßig der Feststellung der Eignung des Bewerbers oder Beschäftigten für bestimmte Aufgaben (vgl. Richter/Gamisch/Mohr, StB, S. 208).

Gegenstand des Stelleninterviews ist – wie auch bei der Stellenbeschreibung – nicht der Arbeitsplatzinhaber in Persona, sondern die ihm übertragenen Tätigkeiten.

Deshalb sind Gespräche und ggf. dabei verwendete Erhebungsbögen, die der sachbezogenen Stellenbeschreibung dienen sollen, grundsätzlich keine mitbestimmungspflichtigen Personalfragebögen (vgl. zum Instrument der Stellenbeschreibung: Fitting, § 94 Rdnr. 7 m. w. N.).

Das setzt allerdings voraus, dass die Ergebnisse des Stelleninterviews keine Rückschlüsse auf das Führungs- und Leistungsverhalten bzw. die Eignung des Stelleninhabers zulassen. Werden unabhängig vom Zweck des Stelleninterviews personenbezogene Daten zur Personalentwicklung erhoben, z. B. Berufs-, IT- oder Sprachkenntnisse, liegt ein mitbestimmungspflichtiger Personalfragebogen vor (vgl. Richter/Gamisch/Mohr, StB, S. 209 m. w. N.).

Als weiteres Beteiligungsrecht kommt der Einsatz von Arbeitsmitteln in Frage. Darunter fallen insbesondere Notebooks und Diktiergeräte. Dieser ist auch im Rahmen von Stelleninterviews in der Regel mitbestimmungspflichtig, wenn der Einsatz von Informations- und Kommunikationstechnologie gem. § 75 Abs. 3 Nr. 17 BPersVG bzw. § 87 Abs. 1 Nr. 6 BetrVG objektiv der Überwachung des Beschäftigten dient.

Unabhängig von den bestehenden bzw. nicht bestehenden Beteiligungsrechten ist der allgemeine Informationsanspruch des Betriebs- bzw. Personalrats zu beachten: Gem. § 80 Abs. 2 BetrVG ist der Betriebsrat

„Zur Durchführung seiner Aufgaben nach diesem Gesetz ... rechtzeitig und umfassend vom Arbeitgeber zu unterrichten."

14. Kapitel: Mitbestimmung der Arbeitnehmervertretung

Gleiches gilt für die Personalvertretung gem. § 68 Abs. 2 BPersVG bzw. den entsprechenden Regelungen in den Personalvertretungsgesetzen der Länder.

▶ **Praxistipp:**

Danach ist der Personal- bzw. Betriebsrat umfassend über Inhalt, Form und Verfahren der Stelleninterviews zu informieren.

Neben diesen kollektiven Rechten des Betriebs- bzw. Personalrats sind die individuellen Rechte des Beschäftigten zu beachten. Es stellt sich also die Frage, ob der Beschäftigte den Personal- bzw. Betriebsrat zum Stelleninterview hinzuzuziehen. Da das Interview in der Regel die Basis für die Eingruppierung des Beschäftigten ist, ist zunächst zu beachten, dass Mitglieder des Betriebs-/Personalrats die Beschäftigten an ihrem Arbeitsplatz aufsuchen dürfen, um selbst die Eingruppierung zu überprüfen (vgl. BAG Entscheidung vom 17. Januar 1989, AP Nr. 1 zu § 2 LPVG NW). Dazu ist aber vorab – nach Ansicht des Bundesverwaltungsgerichts – das Einvernehmen mit der Dienststellenleitung herzustellen ist (vgl. BVerwG Beschluss vom 9. März 1990, Az.: 6 P 15.88, PersR 1990, S. 177; siehe auch Altvater/Baden/Berg, § 68 Rn. 39 m.w.N.).

Unmittelbare Rechte des Beschäftigten auf aktive Einbindung der Arbeitnehmervertretung lassen sich nur aus dem Betriebsverfassungsrecht ableiten. So kann der Beschäftigte gem. § 82 Abs. 2 BetrVG verlangen, „dass ihm die Berechnung und Zusammensetzung seines Arbeitsentgelts erläutert ... wird". Zu diesen Gesprächen kann der Beschäftigte ein Mitglied des Betriebsrats hinzuziehen. Aus dieser Regelung leitet das BAG ein Teilnahmerecht des Betriebsrats auch bei Stelleninterviews ab. In seiner Entscheidung vom 20. April 2010 (Az: 1 ABR 85/08, NZA 2010, S. 1307) führt das BAG aus:

„... Der Arbeitnehmer kann eine Erläuterung der Berechnung und Zusammensetzung des Arbeitsentgelts im Sinne des § 82 Abs. 2 Satz 1 1. Alt. BetrVG grundsätzlich erst verlangen, wenn der Arbeitgeber dessen Tätigkeit einer tariflichen Vergütungsgruppe zugeordnet hat. Vor diesem Zeitpunkt fehlt es an einer Eingruppierungsentscheidung des Arbeitgebers, deren Inhalt dem Arbeitnehmer erläutert werden könnte. Der Wortlaut und der Normzweck der Vorschrift schließen es aber nicht aus, dass der Arbeitnehmer eine Erläuterung über die auszuübende Tätigkeit bereits im Vorfeld einer anstehenden Eingruppierungsentscheidung verlangen kann. Bei der Festlegung der Tätigkeitsinhalte handelt es sich um einen eigenständigen Verfahrensabschnitt im Rahmen der Zuordnungsentscheidung des Arbeitgebers. **Ein Gespräch über eine vom Arbeitgeber erstellte Tätigkeitsbeschreibung ermöglicht es dem Arbeitnehmer, seine unterschiedliche Sichtweise über den Inhalt der ihm übertragenen Aufgaben vor deren Bewertung durch den Arbeitgeber geltend zu machen.** Eine hierüber geführte Aussprache kann dazu beitragen, dass der Arbeitgeber die Zuordnungsentscheidung auf einer zutreffenden tatsächlichen Grundlage vornimmt. ..."

(Hervorhebungen durch den Verfasser)

Da es eine entsprechende Regelung im Personalvertretungsrecht der Länder nicht gibt, ist es fraglich, ob die Beschäftigten im Geltungsbereich der Personalvertretungsgesetze der Länder ähnliche Ansprüche geltend machen können.

14. Kapitel: Mitbestimmung der Arbeitnehmervertretung

14.3 Stellenbewertungskommission

Bei der Stellenbewertungskommission geht es um die praktische Frage, ob die Arbeitnehmervertretung bereits im Vorfeld eingebunden wird, damit sie später ihr Mitbestimmungsrecht gut informiert und frei von emotionalen Widerständen ausüben kann.

▶ Hinweis:

Über die Arbeit mit einer Stellenbewertungskommission kann nicht die Mitbestimmung der Arbeitnehmervertretung umgangen werden (vgl. LAG Rheinland-Pfalz Urteil vom 16. August 2000, Az.: 10 Sa 369/00; ArbG Mainz Urteil vom 22. Mai 2002, Az.: 7 Ca 2157/01, zit. nach Hofmann/Reidelbach, Stichwort 130; vgl. Bauer/Bockholt, Rdnr. 76).

Die Kommission ist lediglich ein „Instrument", das die Klärung der Eingruppierung professionalisiert, beschleunigt und konsensfähig macht. Wenn beide Seiten um die Eingruppierung „gerungen" haben, besteht die Chance, dass die auf diesem Wege erzielten Ergebnisse bei der Beschlussfassung der Arbeitnehmervertretung der Sache nach „durchgewinkt" werden.

Auf diesem Wege kann aber nicht verhindert werden, dass das Gremium (weitere, berechtigte) Fragen stellt. Ein gut vorbereitetes „Expertenvotum" der Stellenbewertungskommission wird den Betriebs- bzw. Personalrat aber nicht unbeeindruckt lassen. Das gilt vor allem, wenn die Arbeitnehmervertreter der Kommission ihr Gremium regelmäßig über den Verlauf und den Stand der Bewertungen informieren.

14.4 Schulungsanspruch

Die wirksame Ausübung der o. g. Beteiligungsrechte setzt ein entsprechendes Fachwissen voraus. Für den Regelungsbereich Eingruppierung hat der Personal- bzw. Betriebsrat einen Schulungsanspruch. Da Stelleninterview und Stellenbeschreibung Teil der Ermittlung der Eingruppierung sind, besteht auch hier ein Recht auf Schulung.

Dabei handelt es sich gem. § 46 Abs. 6 BPersVG bzw. § 37 Abs. 6 BetrVG um sog. Spezialschulungen. So hat nicht jedes Personal- bzw. Betriebsratsmitglied diesen Anspruch, sondern das im Gremium für diese Aufgabe zuständige (vgl. Richter/Gamisch/Mohr, StB, S. 215 m. w. N.).

▶ Hinweis:

Über diese rein rechtliche Frage gilt es zu berücksichtigen, dass ein ungleicher Wissensstand zu Unsicherheiten führt, die regelmäßig in Widerstand und unnötige Kosten münden. Deshalb ist die Schulung auch im Interesse des Arbeitgebers.

14.5 Fazit

Im eigenen Interesse sollte der Arbeitgeber die Arbeitnehmervertretung frühzeitig beteiligen. Alle Vorbereitungsleistungen, vom Interview über die Zeitermittlung bis hin

14. Kapitel: Mitbestimmung der Arbeitnehmervertretung

zur Stellenbeschreibung, dienen der Vorbereitung der Eingruppierung. Diese fällt in die Beteiligungsrechte der Arbeitnehmervertreter. Fehler in der Anwendung, die erst im Rahmen der Eingruppierungsprüfung zu Tage treten, verteuern das Verfahren unnötig.

So kann die frühzeitige und umfassende Information der Arbeitnehmervertretung zur Sicherstellung einer effizienten und zielorientierten Vorbereitung auf die neue Entgeltordnung beitragen.

Anhang

§ 12 (VKA) Eingruppierung

(1) Die Eingruppierung der/des Beschäftigten richtet sich nach den Tätigkeitsmerkmalen der Entgeltordnung (Anlage 1). Die/Der Beschäftigte erhält Entgelt nach der Entgeltgruppe, in der sie/er eingruppiert ist.

(2) ¹Die/Der Beschäftigte ist in der Entgeltgruppe eingruppiert, deren Tätigkeitsmerkmalen die gesamte von ihr/ihm nicht nur vorübergehend auszuübende Tätigkeit entspricht. ²Die gesamte auszuübende Tätigkeit entspricht den Tätigkeitsmerkmalen einer Entgeltgruppe, wenn zeitlich mindestens zur Hälfte Arbeitsvorgänge anfallen, die für sich genommen die Anforderungen eines Tätigkeitsmerkmals oder mehrerer Tätigkeitsmerkmale dieser Entgeltgruppe erfüllen.

³Kann die Erfüllung einer Anforderung in der Regel erst bei der Betrachtung mehrerer Arbeitsvorgänge festgestellt werden (z.b. vielseitige Fachkenntnisse), sind diese Arbeitsvorgänge für die Feststellung, ob diese Anforderung erfüllt ist, insoweit zusammen zu beurteilen.

⁴Werden in einem Tätigkeitsmerkmal mehrere Anforderungen gestellt, gilt das in Satz 2 bestimmte Maß, ebenfalls bezogen auf die gesamte auszuübende Tätigkeit, für jede Anforderung.

⁵Ist in einem Tätigkeitsmerkmal ein von den Sätzen 2 bis 4 abweichendes zeitliches Maß bestimmt, gilt dieses.

⁶Ist in einem Tätigkeitsmerkmal als Anforderung eine Voraussetzung in der Person der/des Beschäftigten bestimmt, muss auch diese Anforderung erfüllt sein.

Protokollerklärung zu Absatz 2:

¹Arbeitsvorgänge sind Arbeitsleistungen (einschließlich Zusammenhangsarbeiten), die, bezogen auf den Aufgabenkreis der/des Beschäftigten, zu einem bei natürlicher Betrachtung abgrenzbaren Arbeitsergebnis führen (z.b. unterschriftsreife Bearbeitung eines Aktenvorgangs, eines Widerspruchs oder eines Antrags, Erstellung eines EKG, Fertigung einer Bauzeichnung, Konstruktion einer Brücke oder eines Brückenteils, Bearbeitung eines Antrags auf eine Sozialleistung, Betreuung einer Person oder Personengruppe, Durchführung einer Unterhaltungs- oder Instandsetzungsarbeit).

²Jeder einzelne Arbeitsvorgang ist als solcher zu bewerten und darf dabei hinsichtlich der Anforderungen zeitlich nicht aufgespalten werden.

³Eine Anforderung im Sinne der Sätze 2 und 3 ist auch das in einem Tätigkeitsmerkmal geforderte Herausheben der Tätigkeit aus einer niedrigeren Entgeltgruppe.

(3) Die Entgeltgruppe der/des Beschäftigten ist im Arbeitsvertrag anzugeben.

Anhang

§ 87 BetrVG Mitbestimmungsrechte

(1) Der Betriebsrat hat, soweit eine gesetzliche oder tarifliche Regelung nicht besteht, in folgenden Angelegenheiten mitzubestimmen:
1. Fragen der Ordnung des Betriebs und des Verhaltens der Arbeitnehmer im Betrieb;
2. Beginn und Ende der täglichen Arbeitszeit einschließlich der Pausen sowie Verteilung der Arbeitszeit auf die einzelnen Wochentage;
3. vorübergehende Verkürzung oder Verlängerung der betriebsüblichen Arbeitszeit;
4. Zeit, Ort und Art der Auszahlung der Arbeitsentgelte;
5. Aufstellung allgemeiner Urlaubsgrundsätze und des Urlaubsplans sowie die Festsetzung der zeitlichen Lage des Urlaubs für einzelne Arbeitnehmer, wenn zwischen dem Arbeitgeber und den beteiligten Arbeitnehmern kein Einverständnis erzielt wird;
6. Einführung und Anwendung von technischen Einrichtungen, die dazu bestimmt sind, das Verhalten oder die Leistung der Arbeitnehmer zu überwachen;
7. Regelungen über die Verhütung von Arbeitsunfällen und Berufskrankheiten sowie über den Gesundheitsschutz im Rahmen der gesetzlichen Vorschriften oder der Unfallverhütungsvorschriften;
8. Form, Ausgestaltung und Verwaltung von Sozialeinrichtungen, deren Wirkungsbereich auf den Betrieb, das Unternehmen oder den Konzern beschränkt ist;
9. Zuweisung und Kündigung von Wohnräumen, die den Arbeitnehmern mit Rücksicht auf das Bestehen eines Arbeitsverhältnisses vermietet werden, sowie die allgemeine Festlegung der Nutzungsbedingungen;
10. Fragen der betrieblichen Lohngestaltung, insbesondere die Aufstellung von Entlohnungsgrundsätzen und die Einführung und Anwendung von neuen Entlohnungsmethoden sowie deren Änderung;
11. Festsetzung der Akkord- und Prämiensätze und vergleichbarer leistungsbezogener Entgelte, einschließlich der Geldfaktoren;
12. Grundsätze über das betriebliche Vorschlagswesen;
13. Grundsätze über die Durchführung von Gruppenarbeit; Gruppenarbeit im Sinne dieser Vorschrift liegt vor, wenn im Rahmen des betrieblichen Arbeitsablaufs eine Gruppe von Arbeitnehmern eine ihr übertragene Gesamtaufgabe im Wesentlichen eigenverantwortlich erledigt.

(2) ¹Kommt eine Einigung über eine Angelegenheit nach Absatz 1 nicht zustande, so entscheidet die Einigungsstelle. ²Der Spruch der Einigungsstelle ersetzt die Einigung zwischen Arbeitgeber und Betriebsrat.

§ 92 BetrVG Personalplanung

(1) 1Der Arbeitgeber hat den Betriebsrat über die Personalplanung, insbesondere über den gegenwärtigen und künftigen Personalbedarf sowie über die sich daraus ergebenden personellen Maßnahmen und Maßnahmen der Berufsbildung anhand von Unterlagen rechtzeitig und umfassend zu unterrichten. 2Er hat mit dem Betriebsrat über Art und Umfang der erforderlichen Maßnahmen und über die Vermeidung von Härten zu beraten.

Anhang

(2) Der Betriebsrat kann dem Arbeitgeber Vorschläge für die Einführung einer Personalplanung und ihre Durchführung machen.

(3) Die Absätze 1 und 2 gelten entsprechend für Maßnahmen im Sinne des § 80 Abs. 1 Nr. 2 a und 2 b, insbesondere für die Aufstellung und Durchführung von Maßnahmen zur Förderung der Gleichstellung von Frauen und Männern.

§ 94 BetrVG Personalfragebogen, Beurteilungsgrundsätze

(1) ¹Personalfragebogen bedürfen der Zustimmung des Betriebsrats. ²Kommt eine Einigung über ihren Inhalt nicht zustande, so entscheidet die Einigungsstelle. ³Der Spruch der Einigungsstelle ersetzt die Einigung zwischen Arbeitgeber und Betriebsrat.

(2) Absatz 1 gilt entsprechend für persönliche Angaben in schriftlichen Arbeitsverträgen, die allgemein für den Betrieb verwendet werden sollen, sowie für die Aufstellung allgemeiner Beurteilungsgrundsätze.

§ 95 BetrVG Auswahlrichtlinien

(1) ¹Richtlinien über die personelle Auswahl bei Einstellungen, Versetzungen, Umgruppierungen und Kündigungen bedürfen der Zustimmung des Betriebsrats. ²Kommt eine Einigung über die Richtlinien oder ihren Inhalt nicht zustande, so entscheidet auf Antrag des Arbeitgebers die Einigungsstelle. ³Der Spruch der Einigungsstelle ersetzt die Einigung zwischen Arbeitgeber und Betriebsrat.

(2) ¹In Betrieben mit mehr als 500 Arbeitnehmern kann der Betriebsrat die Aufstellung von Richtlinien über die bei Maßnahmen des Absatzes 1 Satz 1 zu beachtenden fachlichen und persönlichen Voraussetzungen und sozialen Gesichtspunkte verlangen. ²Kommt eine Einigung über die Richtlinien oder ihren Inhalt nicht zustande, so entscheidet die Einigungsstelle. ³Der Spruch der Einigungsstelle ersetzt die Einigung zwischen Arbeitgeber und Betriebsrat.

(3) ¹Versetzung im Sinne dieses Gesetzes ist die Zuweisung eines anderen Arbeitsbereichs, die voraussichtlich die Dauer von einem Monat überschreitet, oder die mit einer erheblichen Änderung der Umstände verbunden ist, unter denen die Arbeit zu leisten ist. ²Werden Arbeitnehmer nach der Eigenart ihres Arbeitsverhältnisses üblicherweise nicht ständig an einem bestimmten Arbeitsplatz beschäftigt, so gilt die Bestimmung des jeweiligen Arbeitsplatzes nicht als Versetzung.

§ 98 BetrVG Durchführung betrieblicher Bildungsmaßnahmen

(1) Der Betriebsrat hat bei der Durchführung von Maßnahmen der betrieblichen Berufsbildung mitzubestimmen.

(2) Der Betriebsrat kann der Bestellung einer mit der Durchführung der betrieblichen Berufsbildung beauftragten Person widersprechen oder ihre Abberufung verlangen, wenn diese die persönliche oder fachliche, insbesondere die berufs- und arbeitspädagogische Eignung im Sinne des Berufsbildungsgesetzes nicht besitzt oder ihre Aufgaben vernachlässigt.

Anhang

(3) Führt der Arbeitgeber betriebliche Maßnahmen der Berufsbildung durch oder stellt er für außerbetriebliche Maßnahmen der Berufsbildung Arbeitnehmer frei oder trägt er die durch die Teilnahme von Arbeitnehmern an solchen Maßnahmen entstehenden Kosten ganz oder teilweise, so kann der Betriebsrat Vorschläge für die Teilnahme von Arbeitnehmern oder Gruppen von Arbeitnehmern des Betriebs an diesen Maßnahmen der beruflichen Bildung machen.

(4) [1]Kommt im Fall des Absatzes 1 oder über die nach Absatz 3 vom Betriebsrat vorgeschlagenen Teilnehmer eine Einigung nicht zustande, so entscheidet die Einigungsstelle. [2]Der Spruch der Einigungsstelle ersetzt die Einigung zwischen Arbeitgeber und Betriebsrat.

(5) [1]Kommt im Fall des Absatzes 2 eine Einigung nicht zustande, so kann der Betriebsrat beim Arbeitsgericht beantragen, dem Arbeitgeber aufzugeben, die Bestellung zu unterlassen oder die Abberufung durchzuführen. [2]Führt der Arbeitgeber die Bestellung einer rechtskräftigen gerichtlichen Entscheidung zuwider durch, so ist er auf Antrag des Betriebsrats vom Arbeitsgericht wegen der Bestellung nach vorheriger Androhung zu einem Ordnungsgeld zu verurteilen; das Höchstmaß des Ordnungsgeldes beträgt 10 000 EUR. [3]Führt der Arbeitgeber die Abberufung einer rechtskräftigen gerichtlichen Entscheidung zuwider nicht durch, so ist auf Antrag des Betriebsrats vom Arbeitsgericht zu erkennen, dass der Arbeitgeber zur Abberufung durch Zwangsgeld anzuhalten sei; das Höchstmaß des Zwangsgeldes beträgt für jeden Tag der Zuwiderhandlung 250 EUR. [4]Die Vorschriften des Berufsbildungsgesetzes über die Ordnung der Berufsbildung bleiben unberührt.

(6) Die Absätze 1 bis 5 gelten entsprechend, wenn der Arbeitgeber sonstige Bildungsmaßnahmen im Betrieb durchführt.

§ 99 BetrVG Mitbestimmung bei personellen Einzelmaßnahmen

(1) [1]In Unternehmen mit in der Regel mehr als 20 wahlberechtigten Arbeitnehmern hat der Arbeitgeber den Betriebsrat vor jeder Einstellung, Eingruppierung, Umgruppierung und Versetzung zu unterrichten, ihm die erforderlichen Bewerbungsunterlagen vorzulegen und Auskunft über die Person der Beteiligten zu geben; er hat dem Betriebsrat unter Vorlage der erforderlichen Unterlagen Auskunft über die Auswirkungen der geplanten Maßnahme zu geben und die Zustimmung des Betriebsrats zu der geplanten Maßnahme einzuholen. [2]Bei Einstellungen und Versetzungen hat der Arbeitgeber insbesondere den in Aussicht genommenen Arbeitsplatz und die vorgesehene Eingruppierung mitzuteilen. [3]Die Mitglieder des Betriebsrats sind verpflichtet, über die ihnen im Rahmen der personellen Maßnahmen nach den Sätzen 1 und 2 bekannt gewordenen persönlichen Verhältnisse und Angelegenheiten der Arbeitnehmer, die ihrer Bedeutung oder ihrem Inhalt nach einer vertraulichen Behandlung bedürfen, Stillschweigen zu bewahren; § 79 Abs. 1 Satz 2 bis 4 gilt entsprechend.

(2) Der Betriebsrat kann die Zustimmung verweigern, wenn
1. die personelle Maßnahme gegen ein Gesetz, eine Verordnung, eine Unfallverhütungsvorschrift oder gegen eine Bestimmung in einem Tarifvertrag oder in einer Betriebsvereinbarung oder gegen eine gerichtliche Entscheidung oder eine behördliche Anordnung verstoßen würde,

Anhang

2. die personelle Maßnahme gegen eine Richtlinie nach § 95 verstoßen würde,
3. die durch Tatsachen begründete Besorgnis besteht, dass infolge der personellen Maßnahme im Betrieb beschäftigte Arbeitnehmer gekündigt werden oder sonstige Nachteile erleiden, ohne dass dies aus betrieblichen oder persönlichen Gründen gerechtfertigt ist; als Nachteil gilt bei unbefristeter Einstellung auch die Nichtberücksichtigung eines gleich geeigneten befristet Beschäftigten,
4. der betroffene Arbeitnehmer durch die personelle Maßnahme benachteiligt wird, ohne dass dies aus betrieblichen oder in der Person des Arbeitnehmers liegenden Gründen gerechtfertigt ist,
5. eine nach § 93 erforderliche Ausschreibung im Betrieb unterblieben ist oder
6. die durch Tatsachen begründete Besorgnis besteht, dass der für die personelle Maßnahme in Aussicht genommene Bewerber oder Arbeitnehmer den Betriebsfrieden durch gesetzwidriges Verhalten oder durch grobe Verletzung der in § 75 Abs. 1 enthaltenen Grundsätze, insbesondere durch rassistische oder fremdenfeindliche Betätigung, stören werde.

(3) ¹Verweigert der Betriebsrat seine Zustimmung, so hat er dies unter Angabe von Gründen innerhalb einer Woche nach Unterrichtung durch den Arbeitgeber diesem schriftlich mitzuteilen. ²Teilt der Betriebsrat dem Arbeitgeber die Verweigerung seiner Zustimmung nicht innerhalb der Frist schriftlich mit, so gilt die Zustimmung als erteilt.

(4) Verweigert der Betriebsrat seine Zustimmung, so kann der Arbeitgeber beim Arbeitsgericht beantragen, die Zustimmung zu ersetzen.

§ 75 BPersVG Mitbestimmung in Personalangelegenheiten der Arbeitnehmer

(1) Der Personalrat hat mitzubestimmen in Personalangelegenheiten der Arbeitnehmer bei
1. Einstellung,
2. Übertragung einer höher oder niedriger zu bewertenden Tätigkeit, Höher- oder Rückgruppierung, Eingruppierung,
3. Versetzung zu einer anderen Dienststelle, Umsetzung innerhalb der Dienststelle, wenn sie mit einem Wechsel des Dienstortes verbunden ist (das Einzugsgebiet im Sinne des Umzugskostenrechts gehört zum Dienstort),
4. Abordnung für eine Dauer von mehr als 3 Monaten,
4a. Zuweisung entsprechend § 29 des Bundesbeamtengesetzes für eine Dauer von mehr als 3 Monaten,
5. Weiterbeschäftigung über die Altersgrenze hinaus,
6. Anordnungen, welche die Freiheit in der Wahl der Wohnung beschränken,
7. Versagung oder Widerruf der Genehmigung einer Nebentätigkeit.
(2) ¹Der Personalrat hat mitzubestimmen in sozialen Angelegenheiten bei
1. Gewährung von Unterstützungen, Vorschüssen, Darlehen und entsprechenden sozialen Zuwendungen,
2. Zuweisung und Kündigung von Wohnungen, über die die Dienststelle verfügt, sowie der allgemeinen Festsetzung der Nutzungsbedingungen,
3. Zuweisung von Dienst- und Pachtland und Festsetzung der Nutzungsbedingungen.

Anhang

²Hat ein Beschäftigter eine Leistung nach Nummer 1 beantragt, wird der Personalrat nur auf seinen Antrag beteiligt; auf Verlangen des Antragstellers bestimmt nur der Vorstand des Personalrates mit. ³Die Dienststelle hat dem Personalrat nach Abschluss jedes Kalendervierteljahres einen Überblick über die Unterstützungen und entsprechenden sozialen Zuwendungen zu geben. ⁴Dabei sind die Anträge und die Leistungen gegenüberzustellen. ⁵Auskunft über die von den Antragstellern angeführten Gründe wird hierbei nicht erteilt.

(3) Der Personalrat hat, soweit eine gesetzliche oder tarifliche Regelung nicht besteht, ggf. durch Abschluss von Dienstvereinbarungen mitzubestimmen über

1. Beginn und Ende der täglichen Arbeitszeit und der Pausen sowie die Verteilung der Arbeitszeit auf die einzelnen Wochentage,
2. Zeit, Ort und Art der Auszahlung der Dienstbezüge und Arbeitsentgelte,
3. Aufstellung des Urlaubsplanes, Festsetzung der zeitlichen Lage des Erholungsurlaubs für einzelne Beschäftigte, wenn zwischen dem Dienststellenleiter und den beteiligten Beschäftigten kein Einverständnis erzielt wird,
4. Fragen der Lohngestaltung innerhalb der Dienststelle, insbesondere die Aufstellung von Entlohnungsgrundsätzen, die Einführung und Anwendung von neuen Entlohnungsmethoden und deren Änderung sowie die Festsetzung der Akkord- und Prämiensätze und vergleichbarer leistungsbezogener Entgelte, einschließlich der Geldfaktoren,
5. Errichtung, Verwaltung und Auflösung von Sozialeinrichtungen ohne Rücksicht auf ihre Rechtsform,
6. Durchführung der Berufsausbildung bei Arbeitnehmern,
7. Auswahl der Teilnehmer an Fortbildungsveranstaltungen für Arbeitnehmer,
8. Inhalt von Personalfragebogen für Arbeitnehmer,
9. Beurteilungsrichtlinien für Arbeitnehmer,
10. Bestellung von Vertrauens- oder Betriebsärzten als Arbeitnehmer,
11. Maßnahmen zur Verhütung von Dienst- und Arbeitsunfällen und sonstigen Gesundheitsschädigungen,
12. Grundsätze über die Bewertung von anerkannten Vorschlägen im Rahmen des betrieblichen Vorschlagswesens,
13. Aufstellung von Sozialplänen einschließlich Plänen für Umschulungen zum Ausgleich oder zur Milderung von wirtschaftlichen Nachteilen, die dem Beschäftigten infolge von Rationalisierungsmaßnahmen entstehen,
14. Absehen von der Ausschreibung von Dienstposten, die besetzt werden sollen,
15. Regelung der Ordnung in der Dienststelle und des Verhaltens der Beschäftigten,
16. Gestaltung der Arbeitsplätze,
17. Einführung und Anwendung technischer Einrichtungen, die dazu bestimmt sind, das Verhalten oder die Leistung der Beschäftigten zu überwachen.

(4) Muss für Gruppen von Beschäftigten die tägliche Arbeitszeit (Absatz 3 Nr. 1) nach Erfordernissen, die die Dienststelle nicht voraussehen kann, unregelmäßig und kurzfristig festgesetzt werden, so beschränkt sich die Mitbestimmung auf die Grundsätze für die Aufstellung der Dienstpläne, insbesondere für die Anordnung von Dienstbereitschaft, Mehrarbeit und Überstunden.

Anhang

(5) ¹Arbeitsentgelte und sonstige Arbeitsbedingungen, die durch Tarifvertrag geregelt sind oder üblicherweise geregelt werden, können nicht Gegenstand einer Dienstvereinbarung (Absatz 3) sein. ²Dies gilt nicht, wenn ein Tarifvertrag den Abschluss ergänzender Dienstvereinbarungen ausdrücklich zulässt.

Stichwort

Stichwortverzeichnis

A

Allgemeine Tätigkeitsmerkmale 33, 42, 43
Arbeiter 19, 31, 33, 43, 48, 53, 63
Arbeitnehmervertreter 121
Arbeitnehmervertretung 12, 13, 106, 117, 120, 121, 124, 126, 134, 136, 141
Arbeitsablauf 32, 54, 60, 62, 63, 64, 66
Arbeitseinheit 31
Arbeitsergebnis 30, 31, 32, 48, 51, 52, 53, 54, 55, 60, 62, 67, 89
Arbeitsschritt 31, 32, 50, 51, 60, 72, 89
Arbeitsvorgang 19, 29, 30, 31, 32, 33, 47, 48, 49, 50, 52, 53, 54, 57, 60, 66, 68, 72, 78, 82, 83, 89, 90, 92, 93, 114
Arbeitszeugnis 95
Atomisierung 32, 62
Aufgabenkreis 30, 32, 54
Auszuübende Tätigkeit 29, 31, 36, 37, 47, 70, 84, 117

B

Bachelor 34, 39, 40, 42, 47, 58
BAT 9, 18, 29, 31, 33, 44, 49, 55, 57, 68, 80, 95, 137
Beamte 21, 35, 36, 47, 83, 89, 91, 93
Beispieltätigkeit 37, 38, 56, 64
Berufsausbildung 39, 47
Besondere Teile 42
Betriebsrat 116, 117, 120, 124, 125, 127, 134, 135, 136, 139, 140, 141
BMT-G 9, 18

C

Coaching 28, 96, 97

D

Datumsangaben 91
Dienstposten 36, 47, 84, 91
Direktionsrecht 37, 69, 79, 80, 91, 100, 134

Stichwort

E

Eingruppierung 9, 10, 12, 18, 29, 30, 32, 33, 36, 37, 39, 43, 46, 48, 49, 52, 68, 80, 81, 92, 94, 95, 103, 105, 115, 116, 118, 121, 122, 128, 129, 133, 134, 135, 136
Entgeltgruppe 1 42, 43, 63, 64
Entgeltordnung 9, 10, 18, 27, 29, 33, 34, 35, 37, 42, 43, 46, 53, 56, 57, 92, 99, 102
Ermöglichungsdidaktik 103, 105

F

Fachkompetenz 125
Fragebogentechnik 97
Funktionscharakter 55, 56, 57, 62, 67
Funktionsmerkmale 37, 38, 56, 57, 64
Fürsorgepflicht 91, 101, 102

G

Gefährdungsbeurteilung 91
Geschäftsordnung 123, 124, 129, 132

H

Herabgruppierung 136
Höhergruppierungsanträge 11

I

Interview-Verfahren 96, 97

K

Kommunikation 108, 109, 110, 112, 115, 117, 120, 122, 123, 127, 133

L

Laufbahn 33, 34, 83
Laufzettelverfahren 68, 76, 78
Leitungsaufgaben 56
Lernende Organisation 99, 122

Stichwort

M

Memorandum 132
Methodenkompetenz 125
Mitbestimmung 12, 13, 99, 121, 122, 127, 133, 134, 136, 137, 139, 141
Multimomentaufnahme 68, 73, 75, 77

O

Obermerkmale 37, 38

P

Personalfragebogen 139
Personalplanung 134, 138
Personalrat 116, 117, 120, 124, 125, 127, 134, 135, 136, 139, 140, 141
Projekt 21, 22, 23, 24, 26, 27, 28, 120

Q

Qualifikationsebene 33, 47
Qualifizierung 97, 99, 101, 106

S

Schätzung 68, 70, 77, 80
Schulung 100, 101, 103, 105
Schulungsanspruch 141
Selbstaufschreibung 68, 71, 73, 77, 80
Sozialkompetenz 125
spezielle Tätigkeitsmerkmale 43
Spezielle Tätigkeitsmerkmale 42
Stellenbeschreibung 19, 20, 21, 27, 28, 37, 82, 83, 84, 89, 91, 92, 96, 97, 99, 102, 103, 105, 106, 128, 138, 139, 141
Stellenbeschreibungsformular 21, 83, 113
Stellenbewertungskommission 28, 37, 117, 120, 122, 123, 125, 129, 132, 141
Stellenbezeichnung 87, 88
Stelleninterview 28, 98, 99, 107, 108, 111, 115, 116, 117, 118, 124, 128, 139, 140, 141
Stellennummer 88
Stellvertretung 88, 114

T

Tätigkeit 89, 90, 92

U

Umgruppierung 12, 13, 128, 136, 137
Unterschriften 91
Unterstellung 88
Unzulässige Formulierungen 93

V

Vorbemerkungen 42, 43

W

Widerstände 115

Z

Zeitanteile 53, 68, 69, 70, 78, 81, 90, 92, 114, 134
Ziele 82, 88
Zusammenhangstätigkeiten 31, 32, 72, 89